DOLL KNIT

for
20〜22cmドールサイズ

ワタナベミエコ

1　編込みケープ　how to knit p.46

JN240731

文化出版局

CONTENTS

HOW TO MAKE

2 長袖ボーダーセーター　how to knit p.32、44
3 長袖モヘアセーター　how to knit p.44
4 長袖ボーダーセーター　how to knit p.44
5 長袖モヘアボーダーセーター　how to knit p.44
6 長袖セーター　how to knit p.44

13 編込みキャップ　how to knit p.48

14 編込みケープ　how to knit p.46

3 長袖モヘアセーター　how to knit p.44

15 編込みキャップ　how to knit p.48

16 編込みケープ　how to knit p.46

6 長袖セーター　how to knit p.44

17

18

19 編込みとんがり帽　how to knit p.74
20 半袖セーター　how to knit p.44
21 3色カーディガン　how to knit p.52
22 アランポシェット　how to knit p.58

10

26 編込みポンポン帽　how to knit p.57
27 ノルディックジャケット　how to knit p.54
28 編込みポンポン帽　how to knit p.57
20 半袖セーター　how to knit p.44
29 ノルディックジャケット　how to knit p.54

30

31

34 モヘアフードつきジャケット　how to knit p.64
35 半袖ボーダーセーター　how to knit p.44
22 アランポシェット　how to knit p.58
36 カンカン帽　how to knit p.67
37 モヘア V ネックセーター　how to knit p.68

35 半袖ボーダーセーター how to knit p.44

38 リブキャップ　how to knit p.76　　41 リブキャップ　how to knit p.76

39 ボーダー切替えタートルセーター　how to knit p.70　　42 ボーダー切替えタートルセーター　how to knit p.70

40 アランポシェット　how to knit p.58　　43 トートバッグ　how to knit p.62

44 3色 V ネックセーター how to knit p.68
45 3色フードつきジャケット how to knit p.64

46 編込みとんがり帽　how to knit p.74
47 2way ノルディックカーディガン　how to knit p.72
48 編込みとんがり帽　how to knit p.74
49 2way ノルディックカーディガン　how to knit p.72
19 編込みとんがり帽　how to knit p.74
50 2way ノルディックカーディガン　how to knit p.72

66 カンカン帽　how to knit p.67
67 コクーンボレロ　how to knit p.81
64 ラメバッグ　how to knit p.56

68 モチーフつなぎのバケットハット　how to knit p.77
69 モヘアコクーンボレロ　how to knit p.81
70 丸モチーフポシェット　how to knit p.66

71　細編みクローシュ　how to knit p.82
72　ボーダービッグプルオーバー　how to knit p.79
54　マルシェバッグ　how to knit p.86

66　カンカン帽　how to knit p.67

73　2way 透し編みボレロ　how to knit p.84

70　丸モチーフポシェット　how to knit p.66

74　モチーフつなぎのバケットハット　how to knit p.77

75　2way 透し編みボレロ　how to knit p.84

66 カンカン帽　how to knit p.67

76 2way ローゲージボレロ　how to knit p.78

43 トートバッグ　how to knit p.62

31 ボーダートートバッグ　how to knit p.62

54 マルシェバッグ　how to knit p.86

77 マルシェバッグ　how to knit p.86

78 マルシェバッグ　how to knit p.86

63 丸モチーフポシェット　how to knit p.66

70 丸モチーフポシェット　how to knit p.66

HOW TO MAKE

編み始める前に

この本で使用している、材料と用具を紹介します。
各編み方ページを参照して、作品に合ったものを用意しましょう。

糸

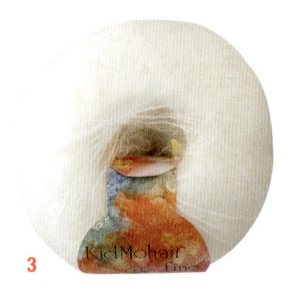  

1　パピー ニュー 2PLY（25g 玉巻き）
2　パピー ニュー 3PLY（40g 玉巻き）
3　パピー キッドモヘアファイン（25g 玉巻き）
4　パピー ブリティッシュファイン（25g 玉巻き）

5　DARUMA ラメのレース糸 #30（20g 玉巻き）
6　DARUMA レース糸 #40 紫野（10g 玉巻き）
7　オリムパス 刺し子糸〈細〉（約 80m）
8　オリムパス 刺し子糸（約 20m）

針

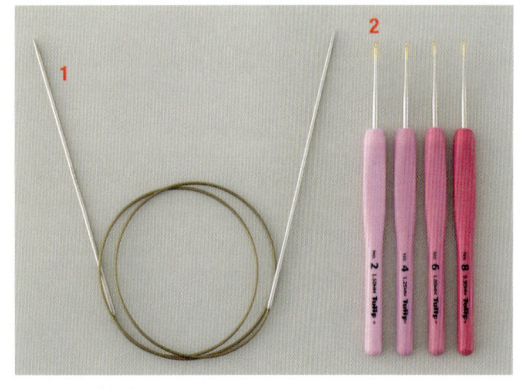

1　80cm 輪針
この本では、1.5mm、1.75mm、2mm［0号］（＊）、2.5mm
［1号］（＊）、2.75mm［2号］（＊）、3mm［3号］を使用
※［ ］内は日本の参考号数表示。数字が大きくなるほど太くなる。
［ ］のない針は海外製品
2　No.0〜8レース針［エティモ ロゼ］（＊）
※数字が大きくなるほど細くなる
＊＝チューリップ提供

用具

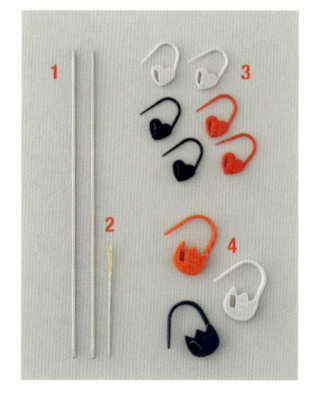

1　1.3mm ビーズ編み針 ショート（＊）…交差編みの別針として使用
2　毛糸とじ針　シャープ（＊）…糸始末に使用
3　段かぞえマーカー（小）（＊）…目数マーカーとして使用
4　段かぞえマーカー（＊）…袖の休み目に使用
＊＝チューリップ提供

付属品

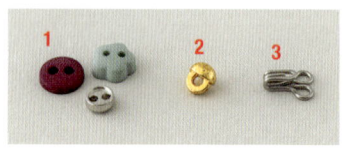

1　ボタン…直径 0.3 〜 0.6cm
2　足つきボタン…直径 0.3cm
3　スプリングホック…この本ではか
ぎ側のみ使用し、編み目に引っかける

糸の分量

この本に掲載した作品は1玉を越えるものがありませんので、各作品の編み方ページに糸量を記載していません。
A ～ F のウェアはすべてパピー ニュー 3PLY。1点約6g使用しています。
編み方　A：p.44、B：p.44、C：p.50、D：p.68、E：p.52、F：p.64

パピー ニュー 3PLY
（40g玉巻き）で A ～ F
の6枚が編めます

A

B

C

D

E

F

ゲージ

この本では「1cm四方のゲージ」を記載しています。ゲージをとる場合は、
指定の糸と針の号数で3 ～ 5cm四方の編み地を編み、中央の1cm四方のゲージをはかります。
目数が多い場合はゆるく、少ない場合はきつく編みます。
ドールニットの編み目は比較的きっちり編むのがきれいに作るコツです。

パピー ニュー 3PLY　写真は実物大です

4.5目6段が1cm四方

4.5目6段が1cm四方

パピー ニュー 2PLY　写真は実物大です

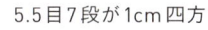

5.5目7段が1cm四方

5.5目7段が1cm四方

この本に使用したドールサイズ

身長20 ～ 22cmのボディを使用しています。
掲載したドールは、オビツ製作所のパーツを組み合わせて製作したものです。

ドールに着せるときの注意点

指先が編み目に引っかからないように、ラップやマスキングテープで指先をくるむと着せやすくなります。
腕が外せるドールは外して着せましょう。Vネックのセーターは、後ろあきがないため、
頭が外せるドールは外して着せます。外せない場合は、ネックの伏止めをゆるめにして、
頭が通るか試しながら仕上げましょう。

長袖ボーダーセーターを編んでみましょう

ネックから編む、後ろあきのあるセーターを解説します。後ろのあき止りまで往復に編み、胴回りは輪に編みます。袖つけ、とじはぎのない編みやすいセーターを編み方のポイントから仕上げまで解説します。ほかの作品を編むときも参考にしてください。

写真：p.4　編み方：p.44

Step1 作り目をします

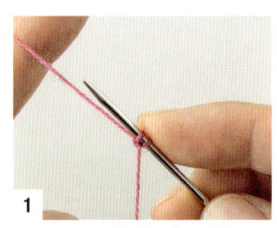

1　2mm80cm輪針1本に指にかける作り目をします。後ろのボタンループ用に糸端を20cm残しておきます。

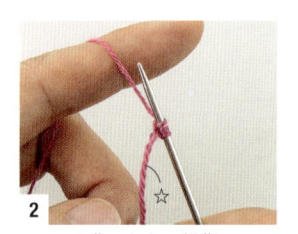

2　2〜3目作ったら、親指にかけている糸（☆）から手を離してよりを戻します。

よりを戻さないで作ったら…
✕
よりを戻さないで作ると写真のようにゆるんで糸が切れる場合があります。

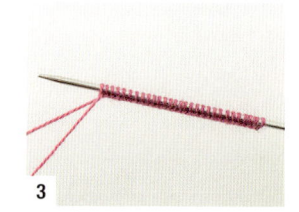

3　29目作ります。これが1段めになります。

Step2 衿ぐりを編みます

1　2段めを編みます。両端の3目は裏から表目でガーター編みを3目編みます。

2　次からねじり1目ゴム編みを編みます。1目めは、ねじり目（裏目）を編みます。

3　表目を編みます。記号図どおりに編みます。

4　衿ぐりの7段が編めました。

Step3 ヨークを編みます

1　1段め　色を替えて、増し目位置にマーカーをかけながら編みます。

2　1段めが編めました。

右上ねじり増し目

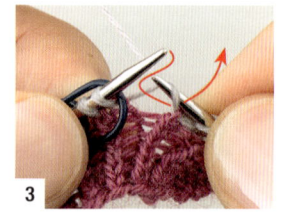

3　2段め　目と目の間の渡り糸を右針で向うからすくい、左針を手前から入れて、表目を編みます。

4　右上ねじり増し目が編めました。

左上ねじり増し目

5　目と目の間の渡り糸を左針で向うからすくい、右針を矢印のように入れます。

6　右針を引いて、編み目を広げます。

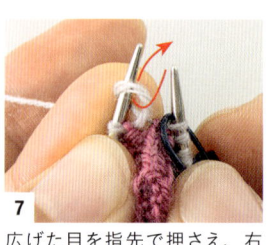

7　広げた目を指先で押さえ、右針を手前から入れて、表目を編みます。

8　左上ねじり増し目が編めました。以降、記号図どおり編みます。

⚴ 左上ねじり増し目（裏目）

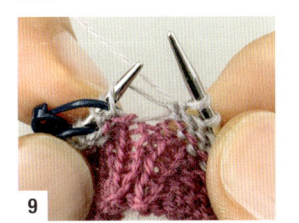

9 3段め　目と目の間の渡り糸を左針で向うからすくいます。

10 糸を手前におき、右針を手前から入れます。

11 糸をかけて引き出し、裏目を編みます。

12 左上ねじり増し目（裏目）が編めました。

⚶ 右上ねじり増し目（裏目）

13 糸を手前におき、目と目の間の渡り糸を右針で向うからすくい、左針を手前から入れて移します。

14 移したところ。右針を引いて、編み目を広げます。

15 広げた目を指先で押さえ、右針を矢印のように向うから入れ、裏目を編みます。

16 右上ねじり増し目（裏目）が編めました。

17 記号図どおり増しながら編み、ヨークの15段が編めました。

Step4
前後身頃を編みます

1 10目編んだら、右袖の12目を6目ずつに分けてマーカーに通し、休み目にします。

Ⓦ 巻き目の作り目

2 針に糸をねじってかけ、袖の休み目の上に巻き目の作り目をします。

3 2を繰り返して、巻き目の作り目を4目作ります。

4 左袖も同様に作り、1段めが編めました。記号図どおり10段編みます。

Ⅴ すべり目

5 後ろのあき止りまで編んだら、この段から輪に編みます。最初の目はすべり目をします。編まずに右針に移します。

マジックループで輪に編む

6 ここからマジックループで編みます。後ろの12目を編みます。

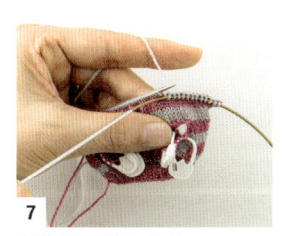

7 右針を引き出します。

8 右後ろの12目を外表に合わせて持ちます。

9 7で引き出した針で、前の25目を編みます。

10 前の25目まで編んだところ。

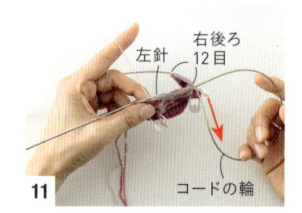

11 コードを矢印の方向へ引いて輪を広げ、左針に右後ろの12目を通します。

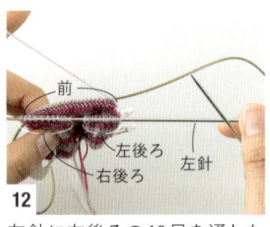

12 左針に右後ろの12目を通したところ。右針は前25目から引き出します。

13 左後ろの11目を編みます。

14 12目めと1目めのすべり目を右上2目一度に編みます。

15 右上2目一度が編め、輪につながり1段めが編めました。記号図どおり輪に編みます。

伏止め

16 裾のねじり1目ゴム編みを編み、前後身頃が編めました。

17 編終りは、前段と同じ記号で伏止めにします。

18 糸端を10cmほど残して切り、糸を引き出します。

チェーンつなぎ

19 とじ針で1目めの頭2本をすくいます。

20 編終りの目の向う側1本に鎖目を作るように通します。

21 つながりました。

糸始末

22 裏側の半目を割って3〜4段くぐらせます。

23 隣の半目の反対方向から同様にくぐらせ、さらに**22**と同じ目にくぐらせて糸を切ります。

Step5 袖を輪に編みます
マジックループで輪に編む

1 マーカーに休めた6目の肩側から輪針を通します。

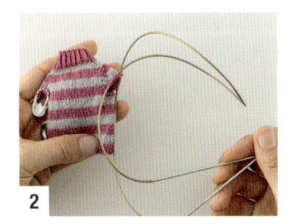
2 コードの輪を肩の中央に残して、反対側の6目にも同様に通します。

3 巻き目の作り目の2目めに No.2レース針を入れます。新しい糸をつけて引き出します。

4 左隣の目も同様に引き出します。

5 引き出した2目に右針を右側から入れて、輪針に移します。

6 レース針を抜きます。糸を引き締め、編み目がゆるまないようにします。

7 続けて針にかかっている目を編み、マジックループで袖を輪に編みます。

8 1段めの最後の2目は、巻き目の作り目から拾います。レース針を入れます。

9 糸をかけて引き出します。

10 右針に移します。左隣の目も同様に引き出します。

11 1段めが編めました。以降、記号図どおり輪に編みます。袖の編終りは前後身頃の裾と同様にします。

12 もう片方の袖も同様に編みます。

Step6 後ろのボタンループを編みます

1 編始めに残しておいた糸端をNo.2レース針で編みます。矢印のように針を入れます。

2 糸をかけて引き出し、鎖編みを5目編みます。

3 糸端を10cmほど残して切り、とじ針で、衿ぐり5段めの端の目をすくいます。

4 鎖編みの最後の目にとじ針を入れ、糸始末をします。

Step7 脇の始末をします（目立つ穴をふさぐ）

1 袖の編始めの糸端をとじ針に通し、脇の穴の下側から出します。

2 1段上の2本に通します。

3 1で出した目に入れます。

4 糸を引き、裏で糸始末をします。反対側も同様にします。
※穴が目立たなければ不要

Step8 お湯に浸します

5 セーターが編めました。

1 縫い糸を使用し、後ろあきを突き合わせてかがります。40度前後のお湯に浸します。

2 軽く絞り、タオルで包みます。

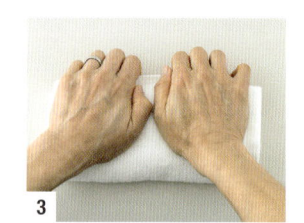

3 上から押さえます。

Step9 編み目を整えます

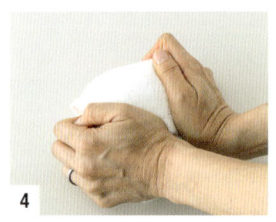

4 タオルを半分に折って、さらに押さえ、水分をとります。

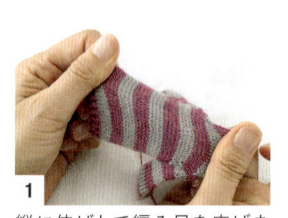

1 縦に伸ばして編み目を広げます。

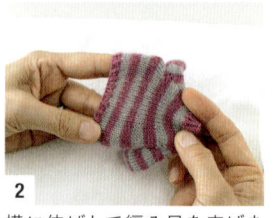

2 横に伸ばして編み目を広げます。繰り返して編み目を整えます。

3 袖も同様に縦と横に編み目を広げて、編み目を整えます。

4 袖口と衿ぐりのゴム編みは、指でつまんで伸ばします。

5 袖は、ペンのキャップなどを中に入れます。

6 両袖に入れます。

7 中に化繊わたを詰めて、乾かします。

乾いたら、ボタンをつけます。出来上り写真は実物大です。

後ろ

前

衿、前立ての仕上げ

写真：p.1、6、7
編み方：p.46

前あきのケープや衿つきジャケット、フードつきジャケットは、伸びやすいゴム編み部分をぐし縫いして、Step8、Step9をします。ケープは化繊わたを詰めたら、前立てに細かくまち針をとめます。

1
衿ぐりの1目ゴム編みの1段めに、縫い糸でぐし縫いをします。

2
糸を引き締めて、結びます。**p.36 Step8、Step9** と同様にします。

3
形を整えながら、前立てと裾にまち針をとめ、乾かします。

2wayアランカーディガン、ロングカーディガンの編み方ポイント

写真：p.12、13　編み方：p.59
交差編みの別針に1.3mmビーズ編み針を使用しています。

✂ 右上1目ねじり交差（下側が裏目）

1 1目を別針に移して手前におきます。

2 別針が抜け落ちないように針先を編み地に刺します。

3 次の1目を裏目で編みます。

4 別針に移した目を左針へ戻し、ねじり目で編みます。右上1目ねじり交差（下側が裏目）が編めました。

✂ 左上1目ねじり交差（下側が裏目）

1 1目を別針に移して編み地の向うにおき、別針が抜け落ちないように針先を編み地に刺します。

2 次の目をねじり目で編みます。

3 別針の目を左針へ戻し、裏目で編みます。

4 左上1目ねじり交差（下側が裏目）が編めました。

長編み2目の玉編み＋鎖1目

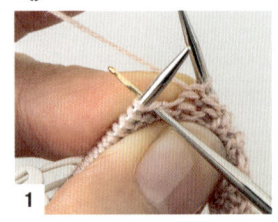 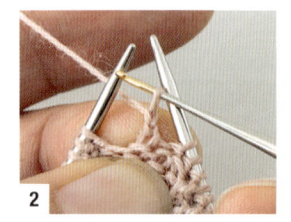  

1 No.6レース針を手前から入れ、左針から目をはずします。

2 鎖2目を編みます。

3 1の目に未完成の長編みを2目編み入れ、糸をかけて引き抜き、さらに針に糸をかけて引き抜きます。

4 右針に移して、長編み2目の玉編みが編めました。

記号図どおりに編みます。

前身頃

後ろ身頃

ケープ、衿つきジャケット、ノルディックジャケットの編み方ポイント

写真：p.1、6、7、10、11　**編み方**：p.46、54

衿を折り返したときに前立ての端が出ないように、拾い目の途中からレース針を使用して裏から拾い出します。
引き出した目がゆるまないように注意しましょう。

前立ての拾い方

1 右前端から33目拾ったところです。

2 編み地を裏に返します。

3 編み地の裏側の端1目内側にNo.2レース針を入れます。

4 糸をかけて引き出します。

5 4で引き出した目を針に移します。このとき、目の向きに注意します。

6 3〜5を繰り返して9目拾います。右前立ての1段めが編めました。

7 表から見たところ。左前立ても同様に衿部分は裏から拾い出します。

ポンポンの作り方

写真：p.5、8、9、10、11、18、19、21、28、29　**編み方**：p.48、57、74

ここではわかりやすいように、縫い糸の色をかえています。

1 編み方ページに記載のとおりに巻きます（ここでは親指）。

2 中央に縫い糸を2回巻きます。

3 糸を引き締め、固結びをします。

4 もう一度、巻いてきつく固結びをします。

5 輪の部分をカットします。

6 お湯に浸してもみ洗いをし、毛糸のよりをほぐします。タオルを巻いて水分をとります。

7 カットして形を整えます。

8 出来上り。

ボーダービッグプルオーバーの編み方ポイント

写真：p.24　編み方：p.79

マーカーを使用して引返し編みをする方法です。マーカーをかけた目を引き上げて編むので目がゆるまずきれいに段消しできます。

肩の引返し編み

1 35段めを編みながら、引返し位置（p.80記号図の♡参照）にマーカーをかけます。

2 編み地を裏に返し、左端のマーカーの手前まで裏目で編みます。

3 マーカーを外し、糸にかけます。

4 表に返し、1目めをすべり目にして、次から表目で編みます。

5 2〜4を繰り返して4段めまで編みます。

6 5段め　段消しをします。編み地を裏に返し、マーカーの目まで編みます。

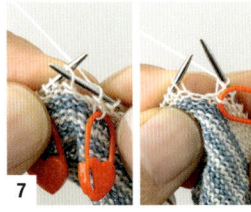

7 左針の目の向きを変えます。

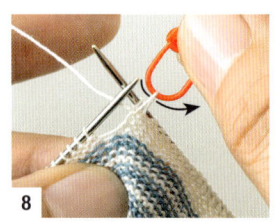

8 マーカーを引き上げて、左針にかけ、マーカーを外します。

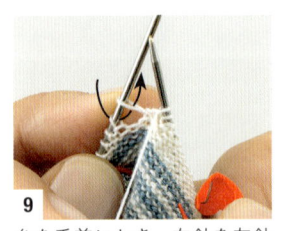

9 糸を手前におき、右針を左針の2目に向うから、矢印のように入れます。

10 右針を入れたところ。糸をかけて、裏目を編みます。右上2目一度（裏目）が編めました。

11 記号図どおり編み、右側の段消しが編めました。

12 ガーター編みの1段め　表に返し、マーカーの目まで表目で編みます。

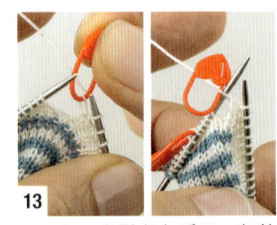

13 マーカーを引き上げて、左針にかけます。

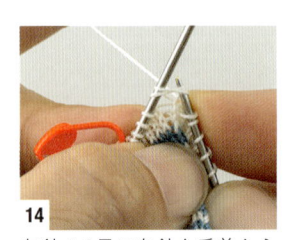

14 左針の2目に右針を手前から入れて表目で編みます。

15 左上2目一度が編めました。記号図どおり編みます。

16 引返し編みが編めました。以降、記号図どおり編みます。

肩の始末

ここではわかりやすいように糸の色をかえています

1 前後身頃が2枚編めたら、肩を突き合わせて衿あき止りまで巻きかがりをします。ここが右肩になります。

2 左肩は端2目を巻きかがりにし、前に No.8レース針で鎖5目のボタンループを編みつけ、後ろにボタンを3個つけます。

手編みの基礎　棒針編み

〔 指に糸をかけて目を作る方法 〕 ※この本では指定の作品以外、1本の針に作ります。

1

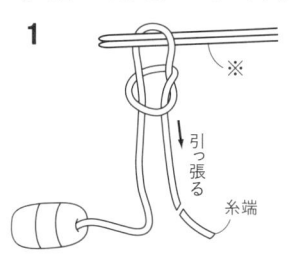

糸端から編み幅の約3倍の
長さのところで輪を作り、
棒針をそろえて輪の中に通す

2

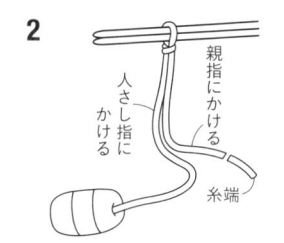

輪を引き締める。
1目の出来上り

3

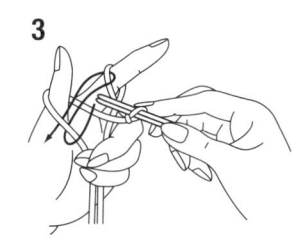

糸玉側を人さし指にかけ、
右手は輪を押さえながら棒針
を持つ。親指にかかっている
糸を矢印のようにすくう

4

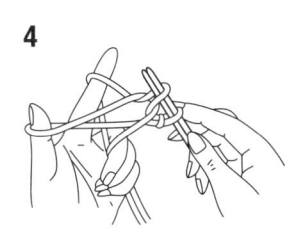

すくい終わったところ

5

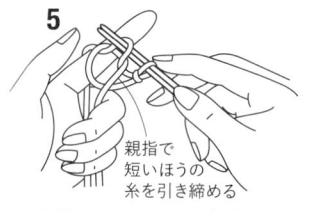

親指にかかっている糸を
はずし、その下側をかけ直し
ながら結び目を締める

6

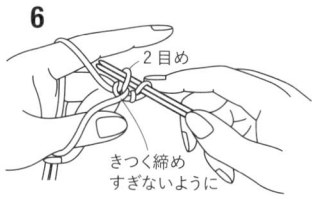

親指と人さし指を最初の形に
する。**3 〜 6** を繰り返す

7

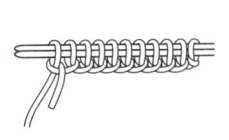

必要目数を作る（1段め）

8

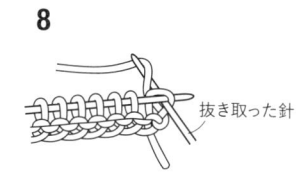

2本の棒針の1本を抜き、
糸のある側から2段めを編む

〔 編み目記号 〕

| 表目 | 一 裏目 | ℓ ねじり目 | ℓ ねじり目（裏目） | ◯ かけ目 |

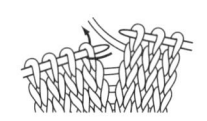  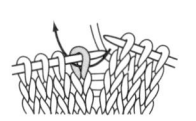  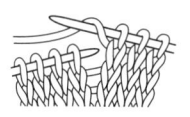

糸を向う側におき、
手前から右針を入れ
糸をかけて編む

糸を手前におき、
向うから右針を入れ
糸をかけて編む

向うから右針を
入れ表目を編む

向うから右針を
入れ裏目で編む

糸を手前からかける

⋋ 右上2目一度

1

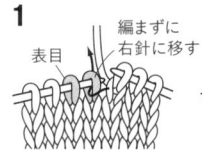

編まずに手前から
右針に移す

2

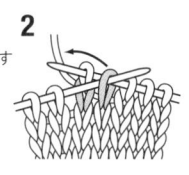

次の目を表目で編み、
移した目を
編んだ目にかぶせる

⋏ 左上2目一度

1

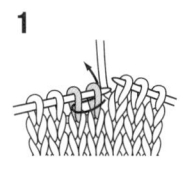

2目一緒に手前
から右針を入れる

2

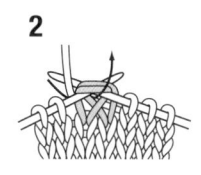

糸をかけて
表目で編む

⋏ 左上2目一度（裏目）

1

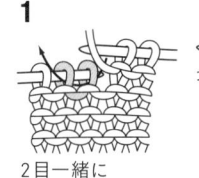

2目一緒に
右針を入れる

2

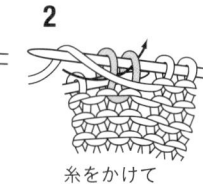

糸をかけて
裏目で編む

⋏ 中上3目一度

1

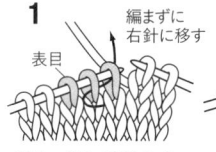

2目一緒に手前から
右針を入れ、
編まずに右針へ移す

2

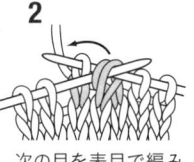

次の目を表目で編み、
移した2目をかぶせる

∨ すべり目

糸を向うにおき、
編まずに1目右針に移す

℧ 巻き目の作り目

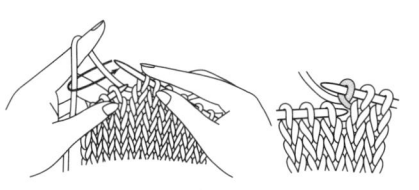

右針に糸を巻きつけて目を増す

● 伏止め（表目）

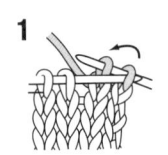

1 端の2目を表目で編み、1目めを2目めにかぶせる

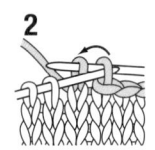

2 表目で編み、かぶせることを繰り返す

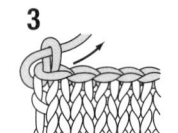

3 最後の目は引き抜いて糸を締める

● 伏止め（裏目）

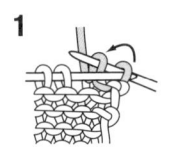

1 端の2目を裏目で編み、1目めを2目めにかぶせる

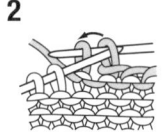

2 次の目を裏目で編み、かぶせることを繰り返す

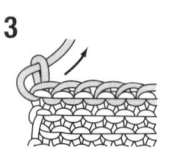

3 最後の目は引き抜いて糸を締める

〔 糸を横に渡す編込み 〕

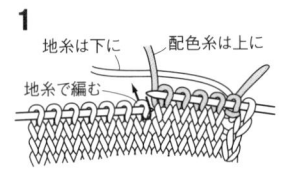

1 配色糸の編始めは結び玉を作って、右針に通してから編むと目がゆるまない。結び玉は次の段でほどく

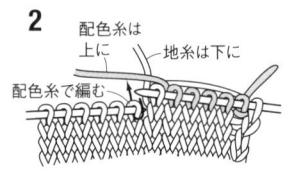

2 裏に渡る糸は編み地が自然におさまるように渡し、引きすぎないようにする

3 編み地を持ち替えたら、編み端は必ず糸を交差させてから編む

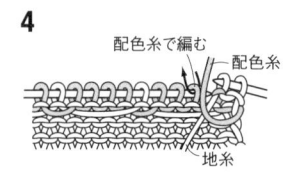

4 配色糸を地糸の上に置いて編む。糸の渡し方の上下は、いつも一定にする

〔 横縞の糸の渡し方 〕

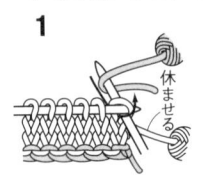

1 地糸を休ませ、配色糸をつけて編む

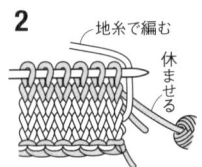

2 配色糸を休ませ、地糸を手前から渡して編む

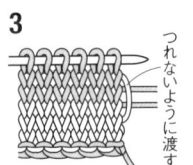

3 渡り糸がつれないように、糸の引きかげんに注意する

縁編みの拾い方

※棒針の場合は、最終段の伏止めした最後の目を1目めとする。かぎ針の場合は、立上りの鎖目とする

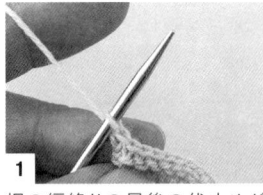

1 裾の編終りの最後の伏止めが終わったところ。糸は切らずに残す。

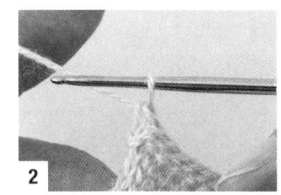

2 1で針に残った目を縁編みの1目めとする。かぎ針の場合は、この目を細編みの立上りに使う。

↘ = ⟨ℓ⟩ 1目から2目編み出す（1目増す）

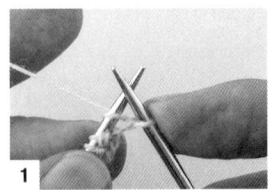

1 表目を1目編む。左針の目ははずさない。

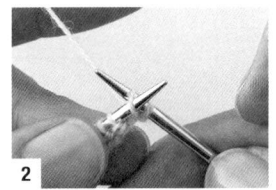

2 同じ目に右針を向うから入れる。

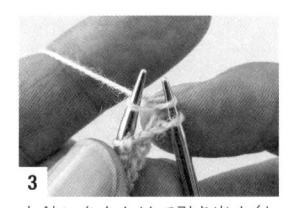

3 右針に糸をかけて引き出す（ねじり目）。

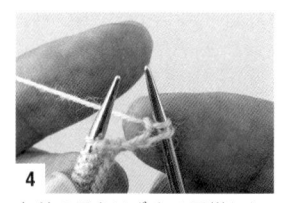

4 左針の目をはずす。1目増した。

かぎ針編み

○ 鎖編み

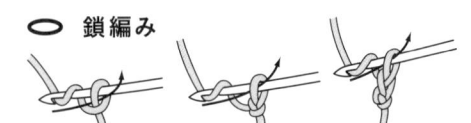

いちばん基本になる編み方で、作り目や立上りに使う

鎖目からの拾い方

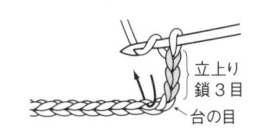

立上り鎖3目
台の目

鎖状になっているほうを下に向け、裏側の山に針を入れる

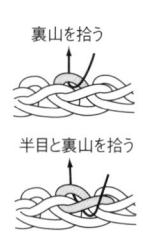

裏山を拾う

半目と裏山を拾う

〔 2重の輪の作り目 〕

1
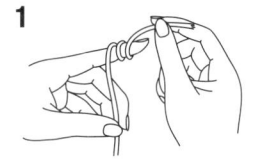
指に糸を2回巻く

2

糸端を手前にして輪の中から
糸を引き出す

3
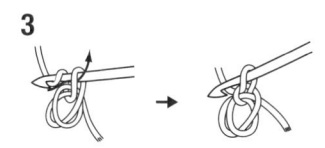
1目編む。
この目は立上りの目の数に入れる

〔 編み目記号 〕

✕ 細編み

1 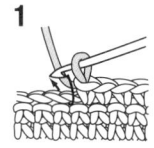　**2** 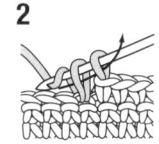　**3**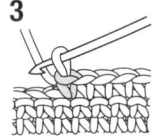

立上りに鎖1目の高さを持つ編み目。
針にかかっている2本のループを一度に引き抜く

T 中長編み

1 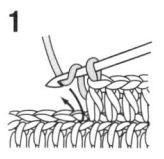　**2** 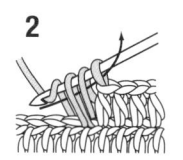　**3**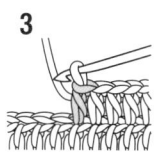

立上りに鎖2目の高さを持つ編み目。針に1回糸をかけ、
針にかかっている3本のループを一度に引き抜く

⌶ 長編み

1 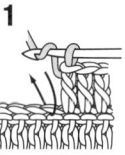　**2** 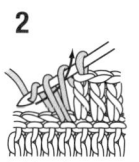　**3** 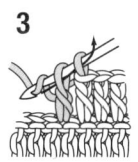　**4**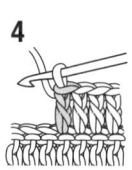

立上りに鎖3目の高さを持つ編み目。
針に1回糸をかけ、針にかかっているループを2本ずつ2回で引き抜く

⌶ 長々編み

1 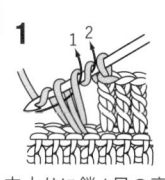　**2** 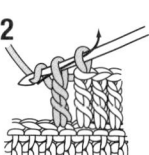　**3**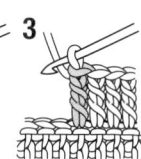

立上りに鎖4目の高さを持つ編み目。
針に2回糸をかけて引き出し、
針にかかっているループを2本ずつ3回で引き抜く

⋁ 細編み2目編み入れる

※長編み3目編み入れるときも
同じ要領で編む

1 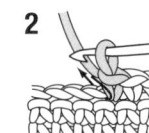　**2** 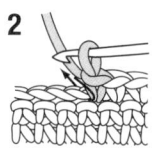　**3** 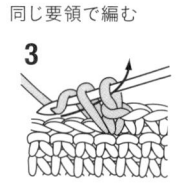　**4**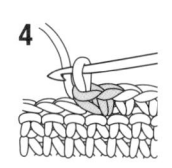

1目に細編み2目編み入れる。1目増す

● 引抜き編み

1 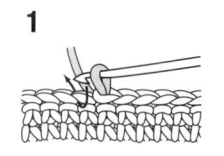　**2**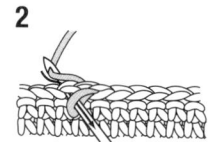

前段の編み目の頭に針を入れ、
針に糸をかけて引き抜く

⋀ 細編み3目一度

※細編み2目一度のときも
同じ要領で編む

1 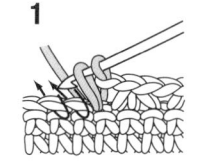　**2** 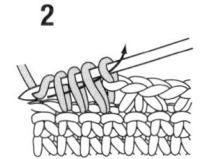　**3**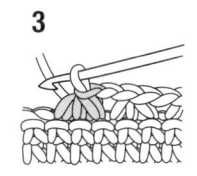

未完成の細編み3目を一度に引き抜いてできる編み目。2目減る

〔 巻きかがり 〕

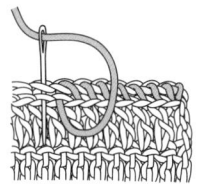

2枚の編み地を外表に合わせて、
最終段の頭の向かい合った目の内側の
半目ずつに針を入れてかがる

⬙ 長編み3目の玉編み

※目数が変わっても同じ要領で編む

1 　**2** 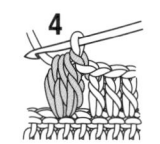　**3**　**4**

立上りは3目。未完成の長編み3目を一度に引き抜く

根もとがついている場合	根もとがついていない場合
前段の1目に全部の目を編み入れる	前段が鎖編みのとき、全部すくって編む

長袖ボーダーセーター　**2, 4** /p.4　長袖モヘアボーダーセーター　**5** /p.4

長袖モヘアセーター　**3** /p.4, 5, 7　長袖セーター　**6** /p.4, 7, 21

半袖セーター　**20** /p.9, 11　**58** /p.21　半袖ボーダーセーター　**35** /p.14, 15

《糸》

2　パピー ニュー 3PLY　濃いピンク (358)、グレー (364)

3　パピー キッドモヘアファイン　オレンジ (56)

4　パピー ニュー 3PLY　ブラウン (317)、グレー (364)

5　パピー キッドモヘアファイン　マゼンタ (44)、黄色 (51)

6　パピー ニュー 3PLY　グレープ (344)

20　パピー ニュー 3PLY　オフホワイト (302)

35　パピー ニュー 3PLY　オフホワイト (302)、ブルーグリーン (310)

58　パピー ニュー 3PLY　マスタード (370)

《用具》

2mm80cm輪針　No.2レース針

《その他》

直径0.3cmのボタン1個

《ゲージ》

メリヤス編み、メリヤス編み縞A、B　4.5目6段が1cm四方

《サイズ》

身幅5.4cm、着丈 長袖：6.5cm 半袖：6.2cm

ゆき丈 長袖：9.5cm 半袖：4.3cm

《編み方》

糸は1本どりで、指定の針の号数、配色で編みます。

糸端をボタンループ用に20cm残して、指に糸をかける方法で作り目をして、衿ぐりをねじり1目ゴム編みで編みます。続けてヨークをメリヤス編み（またはメリヤス編み縞）で増しながら編みますが、両端のガーター編みは続けて編みます。袖を休み目にし、次段で巻き目の作り目をして、前後身頃をあき止りまで往復に編みます。編始めと編終りを2目一度にして輪にします。続けて裾のねじり1目ゴム編みを編み、編終りは前段と同じ記号で伏止めにします。袖はヨークの休み目を針に移し、巻き目の作り目の中央から2目ずつ拾って、輪にメリヤス編み（またはメリヤス編み縞）とねじり1目ゴム編みで編みます。編終りは裾と同様にします。編始めに残した糸端で、左後ろのボタンループを編みます。脇の始末をします。後ろあきを突き合わせて縫い糸でかがり、お湯に浸して編み目を整え、中に化繊わたを詰めて乾かします。右後ろにボタンをつけます。

※ p.32〜37の編み方プロセスも併せてごらんください。

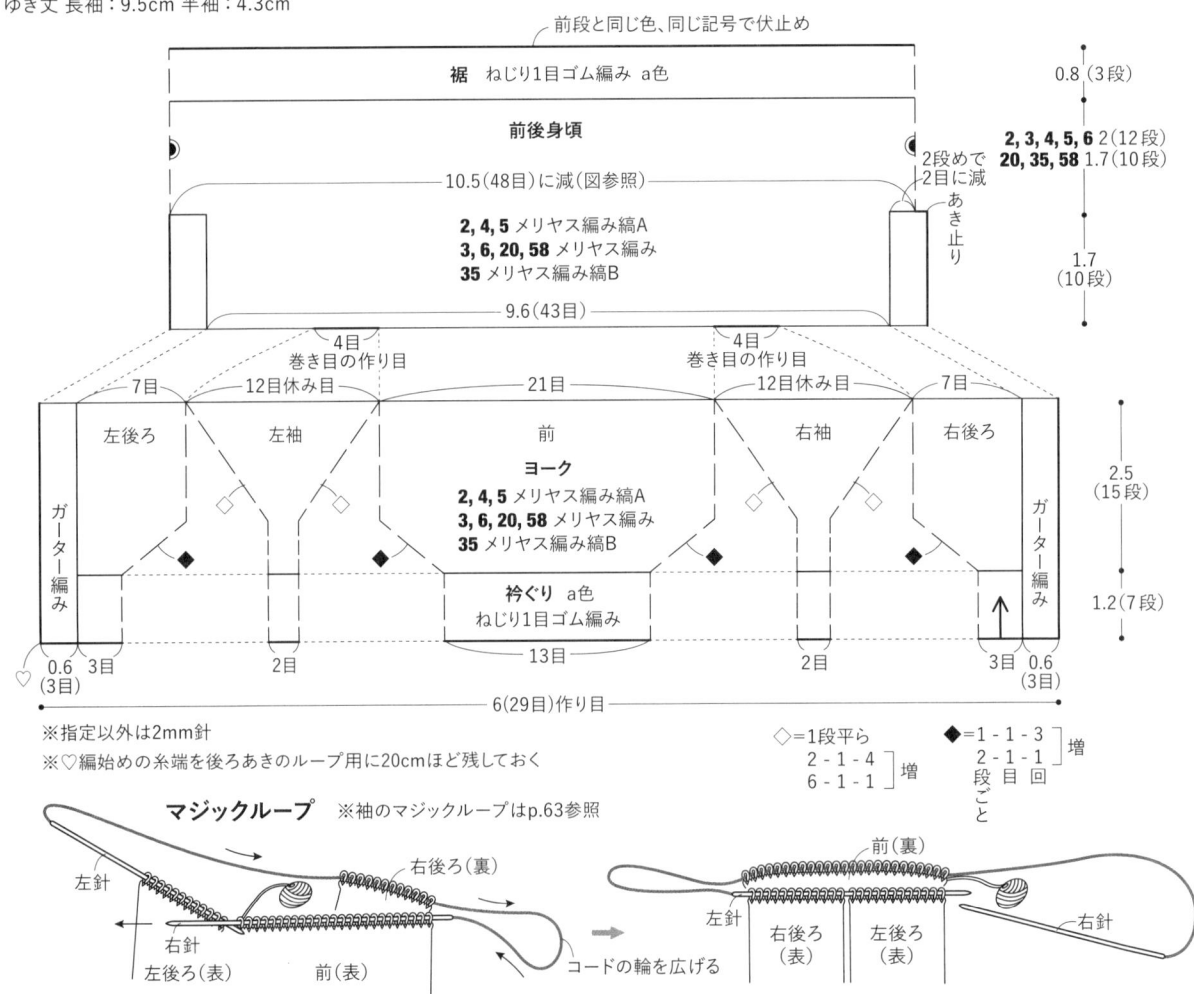

前段と同じ色、同じ記号で伏止め

裾　ねじり1目ゴム編み a色

前後身頃

10.5（48目）に減（図参照）

2, 4, 5 メリヤス編み縞A

3, 6, 20, 58 メリヤス編み

35 メリヤス編み縞B

9.6（43目）

0.8（3段）

2, 3, 4, 5, 6 2（12段）

20, 35, 58 1.7（10段）

2段めで2目に減

あき止り

1.7（10段）

4目　巻き目の作り目　　　　　　　　　4目　巻き目の作り目

7目　12目休み目　　　21目　　　12目休み目　7目

左後ろ　　左袖　　　　前　　　　右袖　　　右後ろ

ヨーク

2, 4, 5 メリヤス編み縞A

3, 6, 20, 58 メリヤス編み

35 メリヤス編み縞B

衿ぐり　a色

ねじり1目ゴム編み

ガーター編み　　　　　　　　　　　　　　　　ガーター編み

2.5（15段）

1.2（7段）

0.6（3目）　3目　　　　2目　　　13目　　　2目　　　3目　0.6（3目）

6（29目）作り目

※指定以外は2mm針

※♡編始めの糸端を後ろあきのループ用に20cmほど残しておく

◇=1段平ら

◇=1-1-3 / 2-1-4 / 6-1-1 增 段 目ごと

◆=1-1-3 / 2-1-1 / 6-1-1 增 段 目 回 ごと

マジックループ　※袖のマジックループはp.63参照

左針　右針　左後ろ（表）　前（表）　右後ろ（裏）　コードの輪を広げる

前（裏）　左針　右後ろ（表）　左後ろ（表）　右針

右後ろの12目を編んだら、右針を引き出して前の25目を編む（**p.33, 34 step4**-6〜10）。コードを矢印の方向へ引いて輪を広げ、左針に右後ろの12目を通す（**p.34**-11）

右針を引き出し、左後ろ、右後ろを編む（**p.34**-12〜15）。以降、手前側の目を編んだら、左針に向う側の目を通してから、右針を引き出して手前側を編む

2, 4, 5, 35 ボーダーセーターの配色

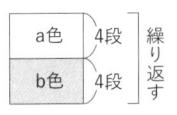
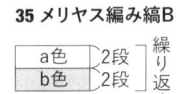

	2	4	5	35
a色 □	濃いピンク(358)	ブラウン(317)	マゼンタ(44)	オフホワイト(302)
b色 ▨	グレー(364)	グレー(364)	黄色(51)	ブルーグリーン(310)

2, 4, 5 メリヤス編み縞A

a色	4段	繰り返す
b色	4段	

35 メリヤス編み縞B

a色	2段	繰り返す
b色	2段	

ボタンループ
No.2レース針

編始めに残した糸で鎖5〜6目を編む

◀ = 糸を切る

左後ろ　右後ろ

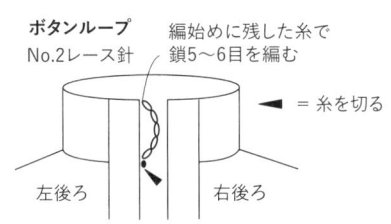

後ろあきのかがり方

左後ろ　右後ろ

後ろあきを
突き合わせて
縫い糸でかがって
お湯に浸す

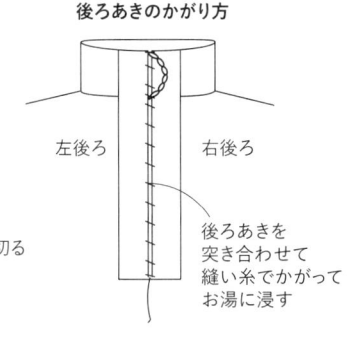

2, 4, 5の編み方　※3, 6, 20, 58はメリヤス編み、35はメリヤス編み縞Bで編む

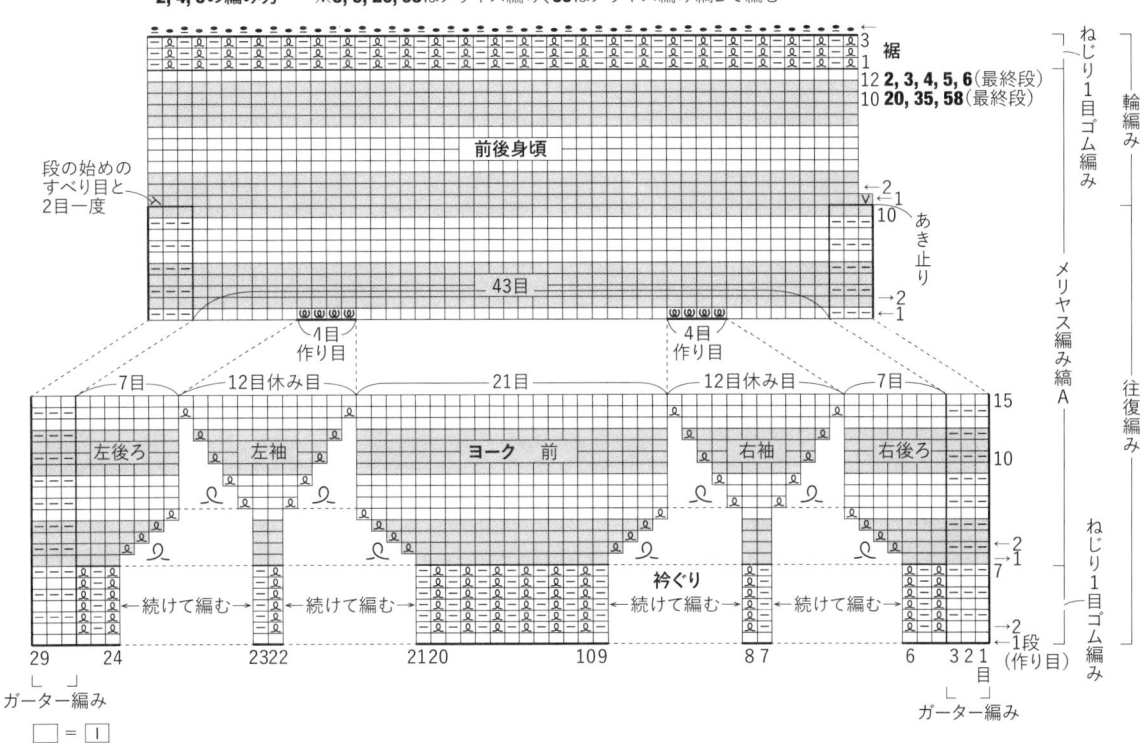

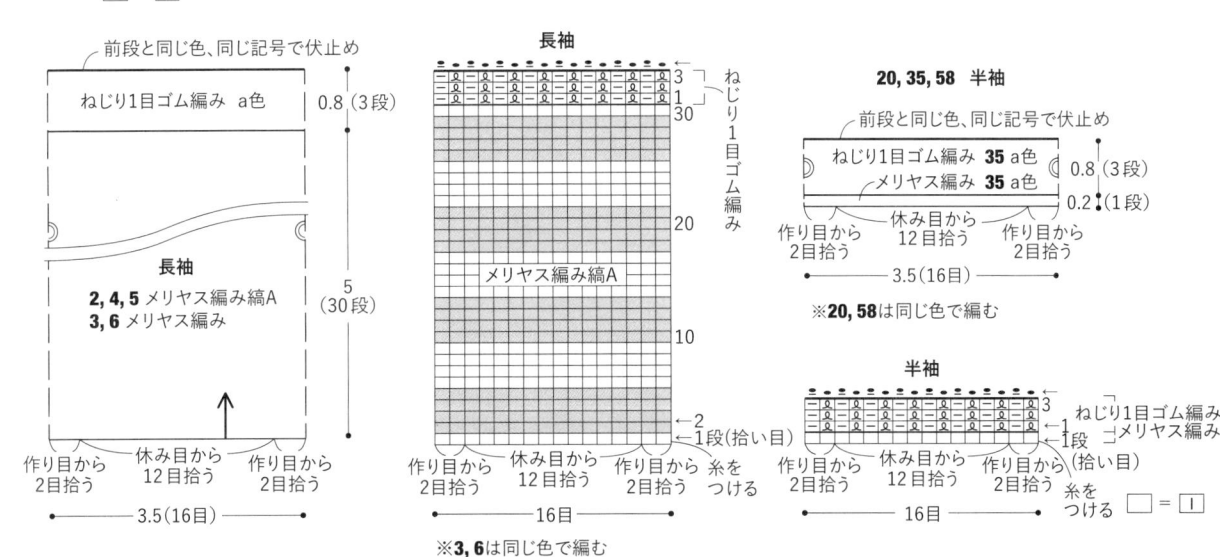

前段と同じ色、同じ記号で伏止め

ねじり1目ゴム編み　a色

0.8(3段)

長袖

2, 4, 5 メリヤス編み縞A
3, 6 メリヤス編み

5(30段)

作り目から2目拾う　休み目から12目拾う　作り目から2目拾う

3.5(16目)

長袖

3　ねじり1目ゴム編み
1
30

メリヤス編み縞A

20

10

←2
←1段(拾い目)

作り目から2目拾う　休み目から12目拾う　作り目から2目拾う　糸をつける

16目

※3, 6は同じ色で編む

20, 35, 58 半袖

前段と同じ色、同じ記号で伏止め

ねじり1目ゴム編み　**35** a色
メリヤス編み　**35** a色

0.8(3段)
0.2(1段)

休み目から12目拾う

作り目から2目拾う　　作り目から2目拾う

3.5(16目)

※**20, 58**は同じ色で編む

半袖

3　ねじり1目ゴム編み
1　メリヤス編み
1段(拾い目)

作り目から2目拾う　休み目から12目拾う　作り目から2目拾う　糸をつける

16目

□ = Ⅰ

編込みケープ　1 /p.1　14, 16 /p.7
モヘアケープ　9 /p.6

《糸》

1　パピー ニュー 3PLY　オフホワイト (302)、赤 (329)

9　パピー キッドモヘアファイン　マゼンタ (44)

14　パピー ニュー 3PLY　オレンジ (371)、ベージュ (356)、
　　　濃いネイビー (327)

16　パピー ニュー 3PLY　濃いピンク (358)、ラベンダー (342)、
　　　グレープ (344)

《用具》

1, 14, 16　2.5mm、2mm80cm 輪針

9　2mm、1.75mm80cm 輪針

《ゲージ》

メリヤス編み、メリヤス編みの編込み模様　4.5目5.5段が1cm四方

《サイズ》

裾回り19cm、着丈6.3cm

《編み方》

糸は1本どりで、指定の針の号数、配色で編みます。

指に糸をかける方法で作り目をして、衿を両面ねじり1目ゴム編み
で編みます。続けて前後身頃のメリヤス編みの編込み模様 A を糸
を横に渡す編込みで増しながら編みます。さらに続けてメリヤス編
みの編込み模様 B で編みます。裾はガーター編みで編み、編終り
は伏止めにします。糸は切らずに、右前立ての拾い目をして、ガーター
編みを編み、編終りは裾と同様にします。左前立ては、糸をつけて
編みます。結びひもを指定位置に通して、三つ編みにします。お湯
に浸して編み目を整え、化繊わたを詰めて、まち針でとめ、乾かし
ます。

※ p.32 〜 37 の編み方プロセスも併せてごらんください。

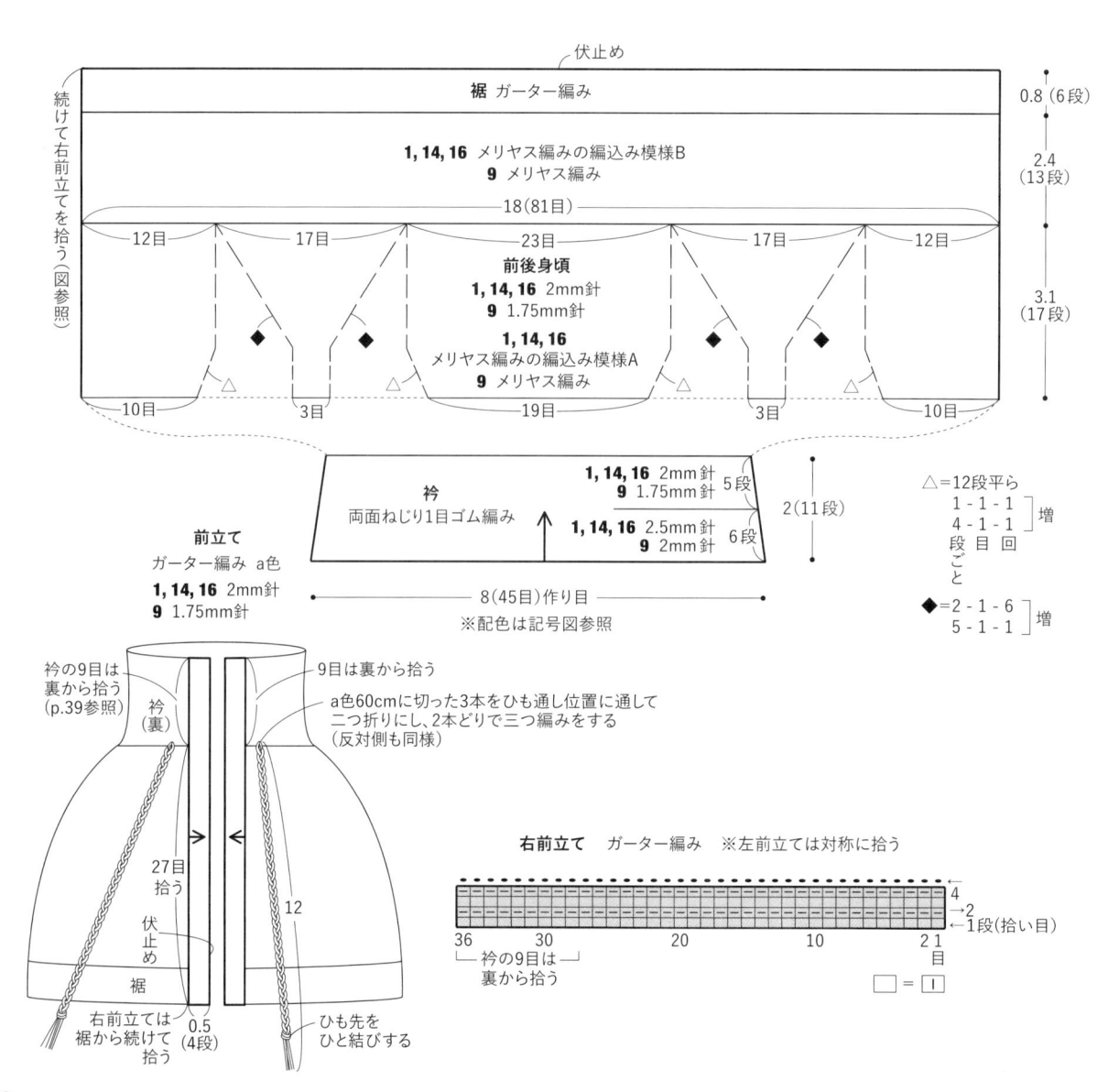

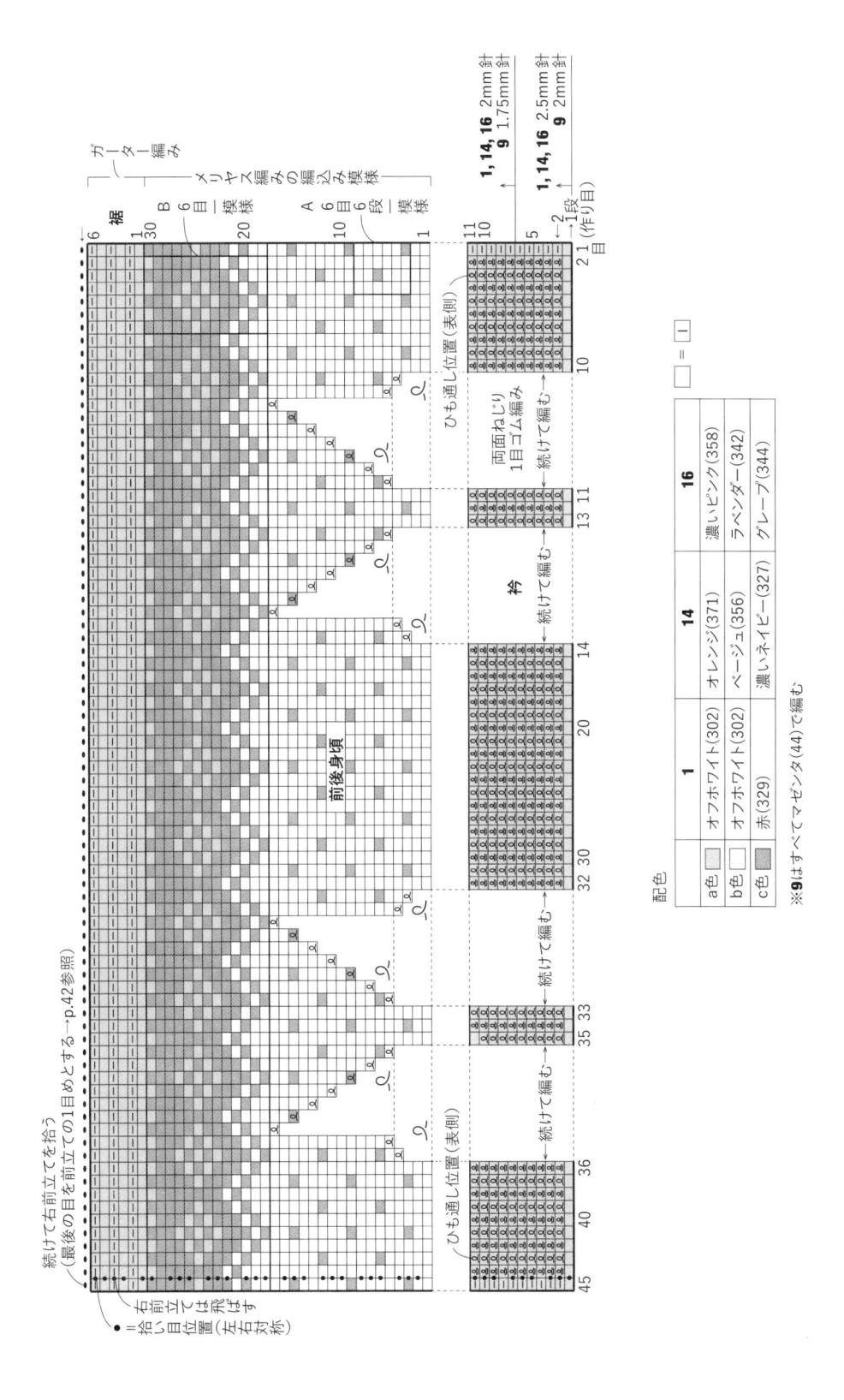

ポンポンベレー　**7** /p.5, 29　**17** /p.8, 29　**23** /p.10, 21, 29

《糸》
パピー ブリティッシュファイン
7　ディープブルー (063)、グレーミックス (019)
17　リーフグリーン (091)、オフホワイト (001)
23　濃いピンク (068)、オフホワイト (001)
《用具》
2.5mm80cm輪針
《ゲージ》
ガーター編み　2.6目6.5段が1cm四方
《サイズ》
頭回り11.5cm、深さ3.7cm

《編み方》
糸は1本どりで、指定の配色で編みます。
糸端を15cm残して、指に糸をかける方法で作り目をし、ガーター編みで編みます。往復に3段編み、次段から輪に増減しながら編み、残った目に糸を通して絞ります。裏返して裏を表にします。編始めに残した糸端で往復編みの3段をかがります。お湯に浸して編み目を整え、中に化繊わたを詰めて乾かします (p.36参照)。ポンポンを作り、トップにつけます。

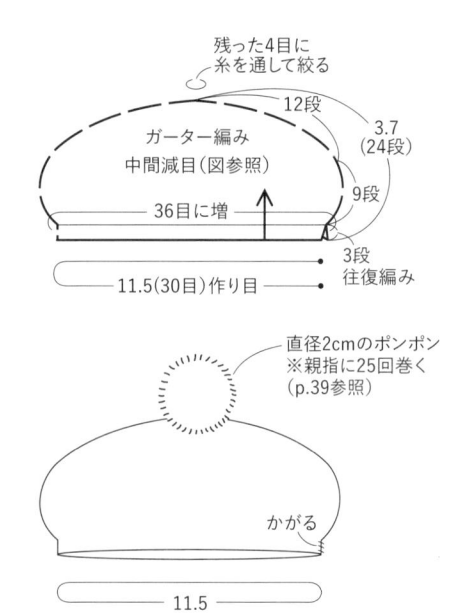

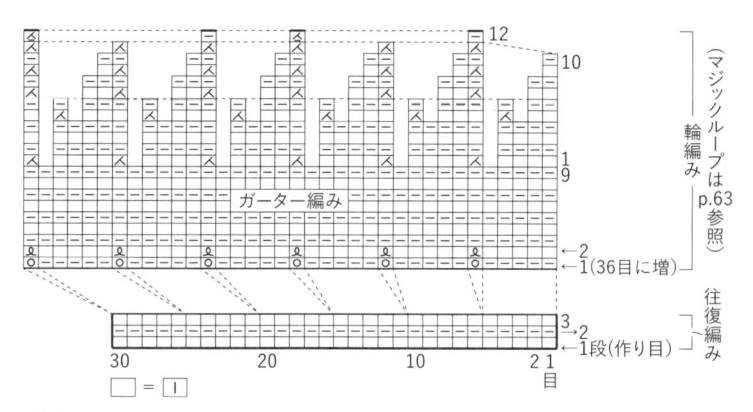

配色

	7	17	23
ベレー	ディープブルー (063)	リーフグリーン (091)	濃いピンク (068)
ポンポン	グレーミックス (019)	オフホワイト (001)	オフホワイト (001)

編込みキャップ　**13, 15** /p.7, 29
モヘアキャップ　**80** /p.28

《糸》
13　パピー ニュー 3PLY　オレンジ (371)、ベージュ (356)、
　　　濃いネイビー (327)
15　パピー ニュー 3PLY　濃いピンク (358)、ラベンダー (342)、
　　　グレープ (344)
80　パピー キッドモヘアファイン　ダークレッド (20)
《用具》
13, 15　2mm80cm輪針
80　1.75mm80cm輪針
《ゲージ》
メリヤス編みの編込み模様、メリヤス編み　4.5目6段が1cm四方
《サイズ》
頭回り12cm、深さ3.9cm

《編み方》
糸は1本どりで、指定の針の号数、配色で編みます。
糸端を20cm残して、指に糸をかける方法で作り目をしてガーター編みを往復に6段編みます。メリヤス編みの編込み模様を糸を横に渡す編込みで輪に編みます。続けてメリヤス編みを減らしながら編み、残った目に糸を通して絞ります。編始めに残した糸端で、往復編みの6段をかがります。お湯に浸して編み目を整え、中に化繊わたを詰めて乾かします (p.36参照)。

3色ストライプマフラー　8 /p.5, 29　25 /p.10, 29

《糸》

パピー ブリティッシュファイン

8　ディープブルー（063）、オフホワイト（001）、
　　リーフグリーン（091）

25　濃いピンク（068）、淡いピンク（031）、グレープ（053）

《用具》

2.75mm80cm輪針　7/0号かぎ針（伏止め用）

《ゲージ》

ガーター編み縞　2.2目6.5段が1cm四方

《サイズ》

幅2cm、長さ27cm（フリンジを含まない）

《編み方》

糸は1本どりで、指定の針の号数、配色で編みます。

フリンジ用の糸を残して、針2本を重ねて指に糸をかける方法でゆるめに作り目をします。ガーター編み縞で編みますが、各色フリンジ用の糸を残して折り返します。編終りは前段と同じ色でかぎ針を使用してゆるく伏止めにします。糸端は同色2本ずつ（編始めのみ3本）をひと結びします。お湯に浸して編み目を整え（p.36参照）、指定のサイズに編み地を伸ばして乾かします。フリンジの糸を好みの長さにカットします。

※作り目、伏止めはゆるく編みます。きつく編むと指定のサイズに伸びませんのでご注意ください。

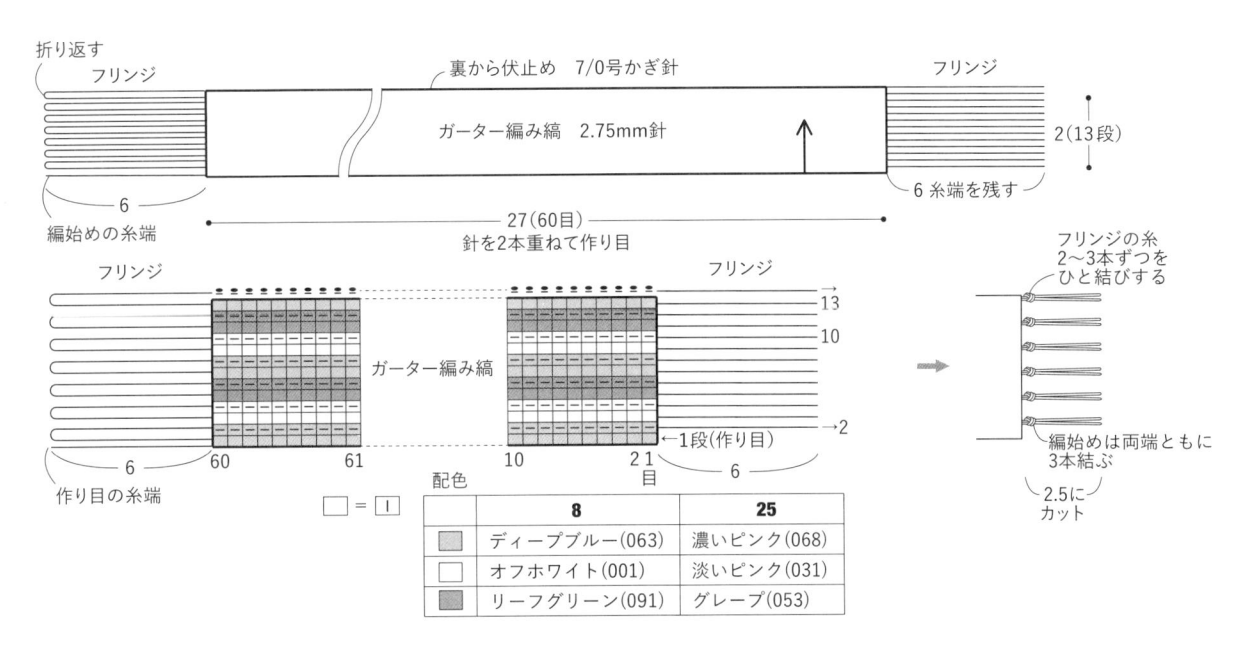

配色		8	25
⬜	ディープブルー（063）		濃いピンク（068）
⬜	オフホワイト（001）		淡いピンク（031）
⬜	リーフグリーン（091）		グレープ（053）

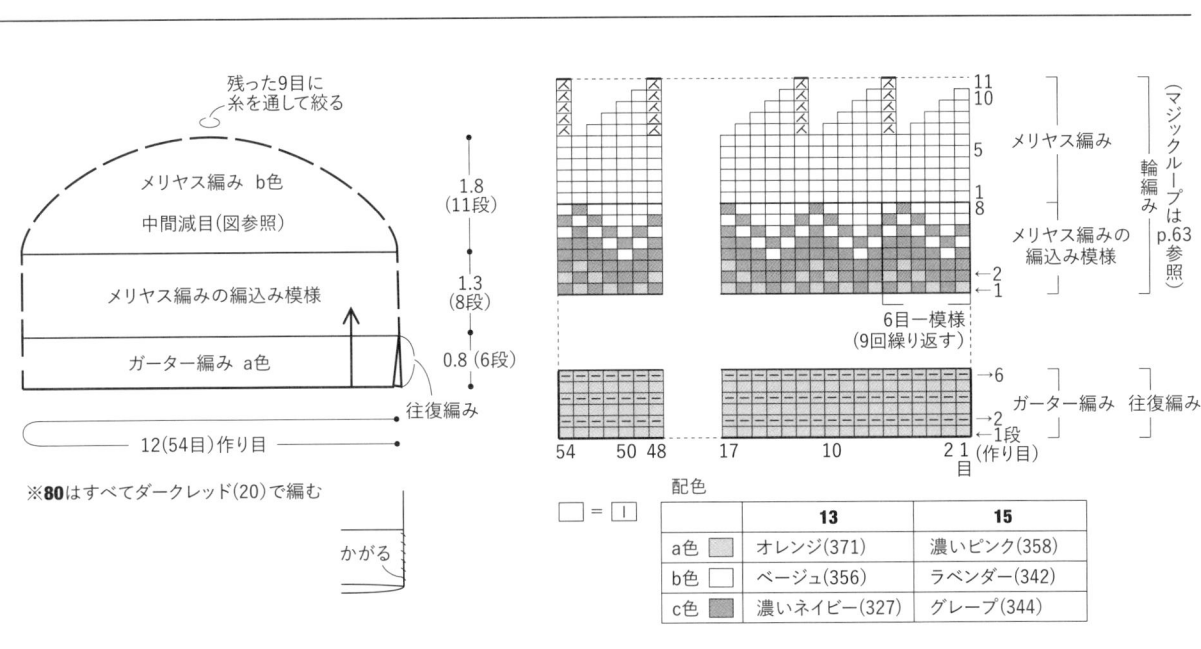

※**80**はすべてダークレッド（20）で編む

配色		13	15
a色 ⬜	オレンジ（371）		濃いピンク（358）
b色 ⬜	ベージュ（356）		ラベンダー（342）
c色 ⬜	濃いネイビー（327）		グレープ（344）

2way パフスリーブカーディガン　10 /p.6, 22
2way モヘアパフスリーブカーディガン　62 /p.22

《糸》
10　パピー　ニュー 3PLY　ラベンダー (342)
62　パピー　キッドモヘアファイン　ミント (55)
《用具》
10　2mm80cm 輪針
62　1.75mm80cm 輪針　No.2レース針
《その他》
10　直径 0.3cm のボタン 3個
62　直径 0.6cm のボタン 3個
《ゲージ》
メリヤス編み　4.5目 6段が 1cm 四方
《サイズ》
身幅　10　4.5cm　62　5.1cm、着丈 4.8cm、ゆき丈 3.8cm

《編み方》
糸は 1本どりで、指定の針の号数で編みます。
62は糸端をボタンループ用に 30cm 残し、指に糸をかける方法で作り目をして、衿ぐりをガーター編みで編みます。続けてヨークをメリヤス編みで増しながら編みますが、両端のガーター編みは続けて編みます。10は右前にボタン穴をあけます。袖を休み目にし、次段で巻き目の作り目をして前後身頃を増減なく編みます。続けてガーター編みを編み、編終りは伏止めにします。袖はヨークの休み目を針に移し、作り目から 4目拾って、2目一度に減らして輪に編み、編終りは身頃と同様にします。62は編始めに残した糸でボタンループを編みます。脇の始末をします。前端を突き合わせて縫い糸でかがり、お湯に浸して編み目を整え、中に化繊わたを詰めて乾かします。左前にボタンをつけます。
※編み図は前あきで解説していますが後ろを前に着用できます。
※ p.32 〜 37の編み方プロセスも併せてごらんください。

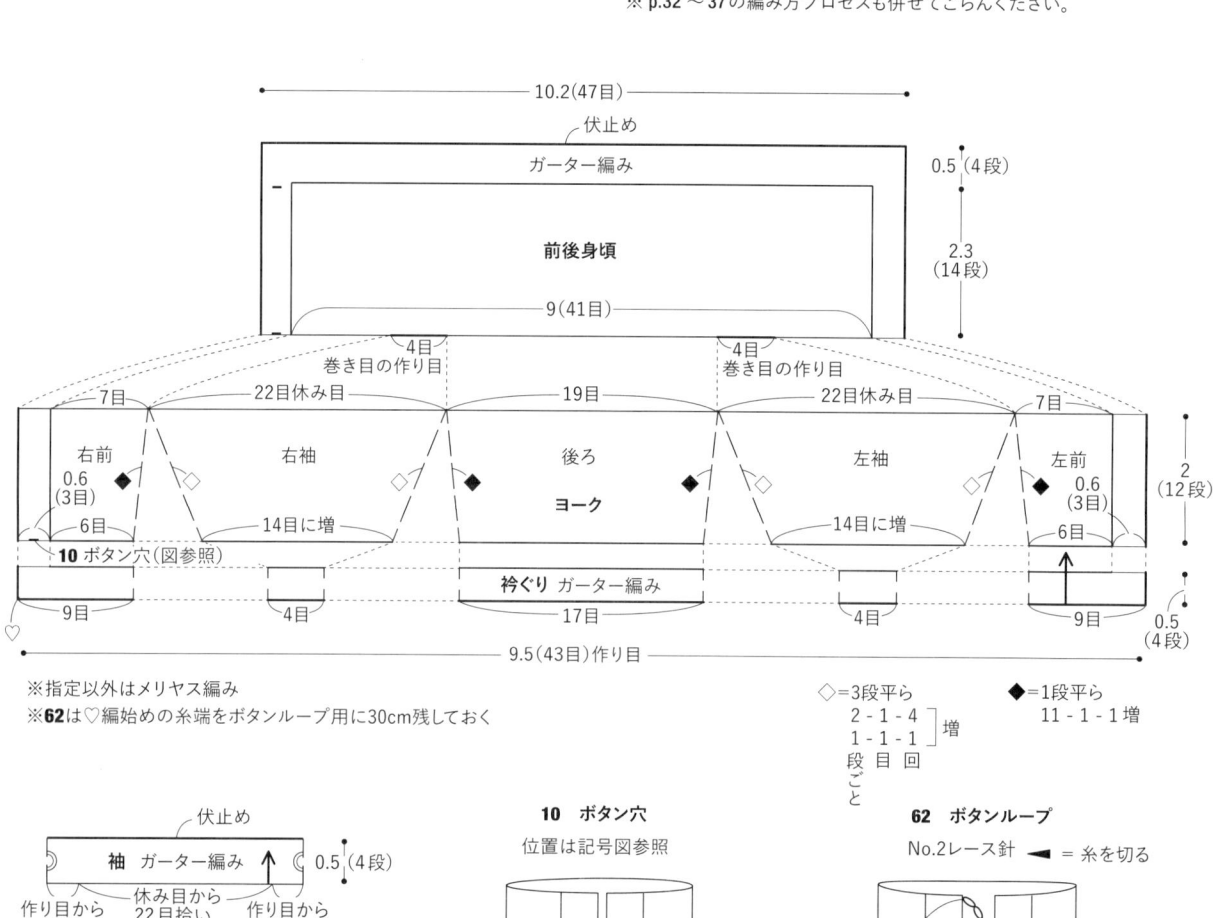

※指定以外はメリヤス編み
※62は♡編始めの糸端をボタンループ用に 30cm 残しておく

◇=3段平ら
2-1-4
1-1-1 ┊増
段 目 回
ごと

◆=1段平ら
11-1-1増

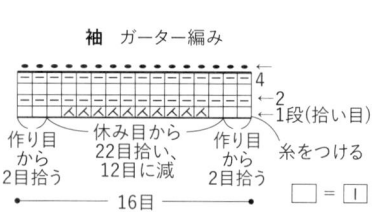

袖　ガーター編み
伏止め
袖　ガーター編み　　0.5 (4段)
作り目から　休み目から　作り目から
2目拾う　22目拾い、　2目拾う
　　　　　12目に減
3.5(16目)
※マジックループは p.63参照

袖　ガーター編み
4
2
1段(拾い目)
作り目　　休み目から　作り目　糸をつける
から　　　22目拾い、　から
2目拾う　12目に減　2目拾う
16目
□ = Ｉ

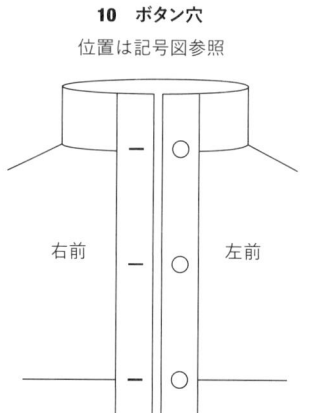

10　ボタン穴
位置は記号図参照

右前　　左前

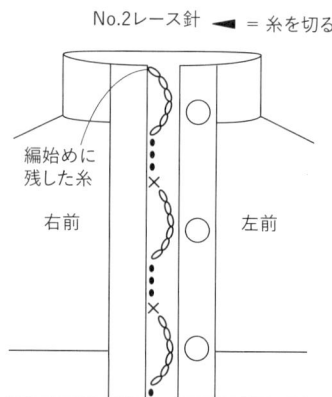

62　ボタンループ
No.2レース針　◀ = 糸を切る

編始めに
残した糸

右前　　左前

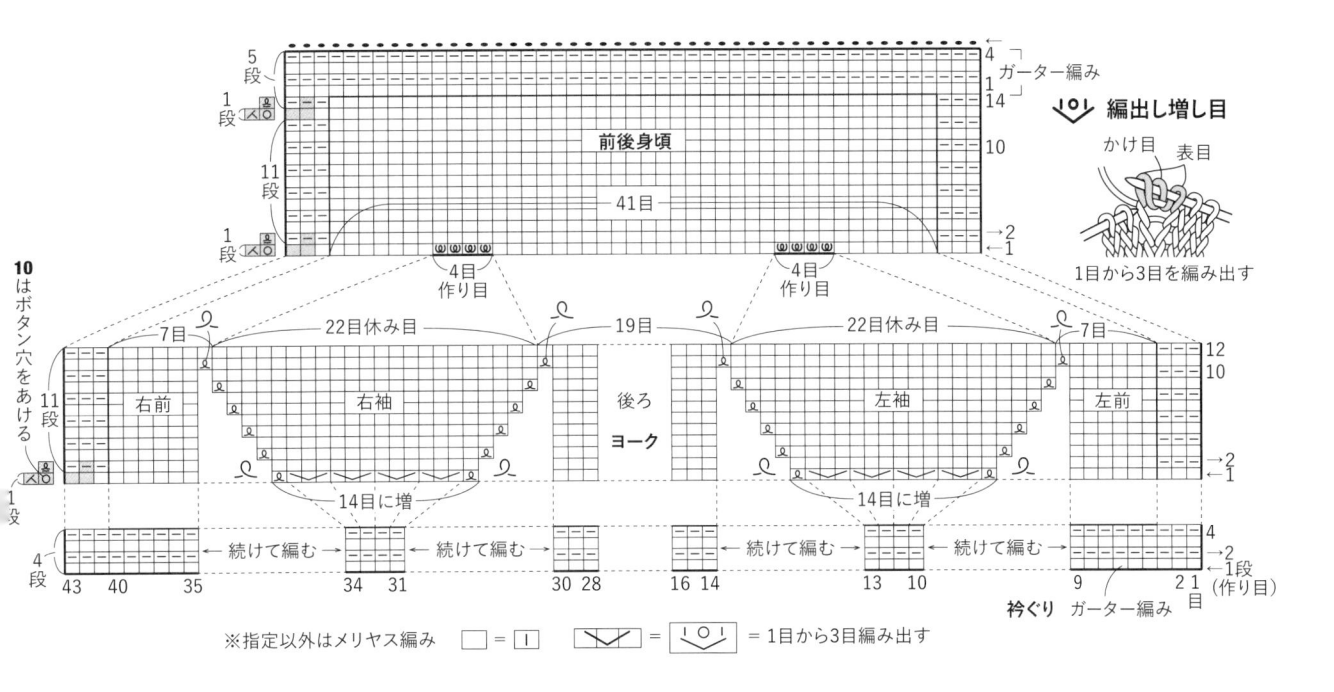

前後身頃

41目

編出し増し目

かけ目　表目

1目から3目を編み出す

右前　右袖　後ろ ヨーク　左袖　左前

7目　22目休み目　19目　22目休み目　7目

4目作り目　4目作り目

14目に増　14目に増

続けて編む　続けて編む　続けて編む　続けて編む

ガーター編み

10はボタン穴をあける

43 40 35　34 31　30 28　16 14　13 10　9　2 1目

衿ぐり　ガーター編み

※指定以外はメリヤス編み　□ = I　　= 1目から3目編み出す

千鳥格子スカート　11 /p.6　60 /p.21

《糸》
11 パピー ニュー 2PLY　エメラルド (259)、ミントグリーン (261)
60 パピー ニュー 2PLY　グレープ (256)、マスタード (253)

《用具》
1.75mm、1.5mm80cm輪針

《ゲージ》
メリヤス編みの編込み模様
1.75mm針：5.3目6.5段が1cm四方
1.5mm針：6.4目7段が1cm四方

《サイズ》
胴回り10cm、裾回り12cm、丈7.1cm

《編み方》
糸は1本どりで、指定の針の号数、配色で編みます。
指に糸をかける方法で作り目をして輪にし、裾から編み始めます。ガーター編みを3段編み、メリヤス編みの編込み模様を糸を横に渡す編込みで編みます。続けてメリヤス編みとねじり1目ゴム編みを編み、編終りは前段と同じ記号で伏止めにします。お湯に浸して編み目を整え、中に化繊わたを詰めて乾かします（p.36参照）。

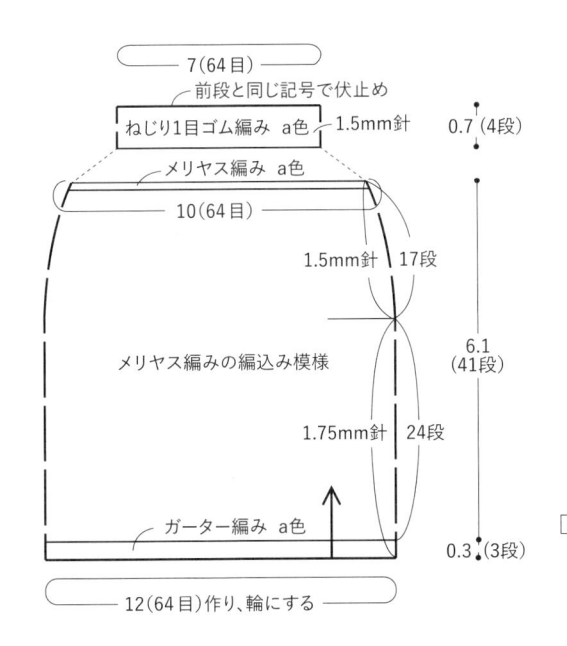

7(64目)
前段と同じ記号で伏止め
ねじり1目ゴム編み a色　1.5mm針　0.7(4段)
メリヤス編み a色
10(64目)
1.5mm針　17段
メリヤス編みの編込み模様　6.1(41段)
1.75mm針　24段
ガーター編み a色　0.3(3段)
12(64目)作り、輪にする

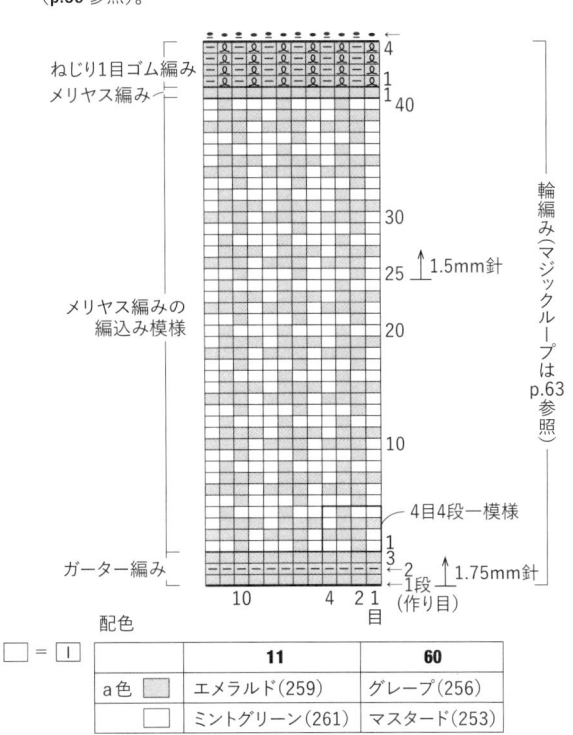

ねじり1目ゴム編み
メリヤス編み
メリヤス編みの編込み模様
ガーター編み

4目4段一模様

輪編み（マジックループはp.63参照）

10　4 2 1目
1段（作り目）

配色

□ = I	11	60
a色	エメラルド(259)	グレープ(256)
	ミントグリーン(261)	マスタード(253)

《糸》

18 パピー ニュー 3PLY　ターコイズ (363)、チャコールグレー (333)、
マスタード (370)、レッドオレンジ (373)

21 パピー ニュー 3PLY　ネイビー (326)、オフホワイト (302)、赤 (329)

《用具》

2mm80cm 輪針

《その他》

18 直径 0.5cm のボタン 3個

21 直径 0.6cm のボタン 3個

《ゲージ》

メリヤス編み　4.5目6段が1cm四方

《サイズ》

身幅5.9cm、着丈7.1cm、ゆき丈9.9cm

《編み方》

糸は1本どりで、指定の配色で編みます。

指に糸をかける方法で作り目をして、ヨークをメリヤス編みで増しながら往復に編みます。袖を休み目にし、次段で巻き目の作り目をして前後身頃を増しながら編み、続けて裾のねじり1目ゴム編みを編みます。編終りは前段と同じ記号で伏止めにします。**21**は糸を切らずに、右前立て、後ろ、左前立ての順に拾い目をして、ねじり1目ゴム編みを編みますが、左前立てにはボタン穴をあけます。編終りは裾と同様にします。袖はヨークの休み目を針に移し、巻き目の作り目の中央から2目ずつ拾って、メリヤス編みとねじり1目ゴム編みを輪に編みます。編終りは裾と同様にします。脇の始末をします。前立てを突き合わせて縫い糸でかがり、お湯に浸して編み目を整え、中に化繊わたを詰めて乾かします。右前立てにボタンをつけます。

※ p.32 ～ 37の編み方プロセスも併せてごらんください。

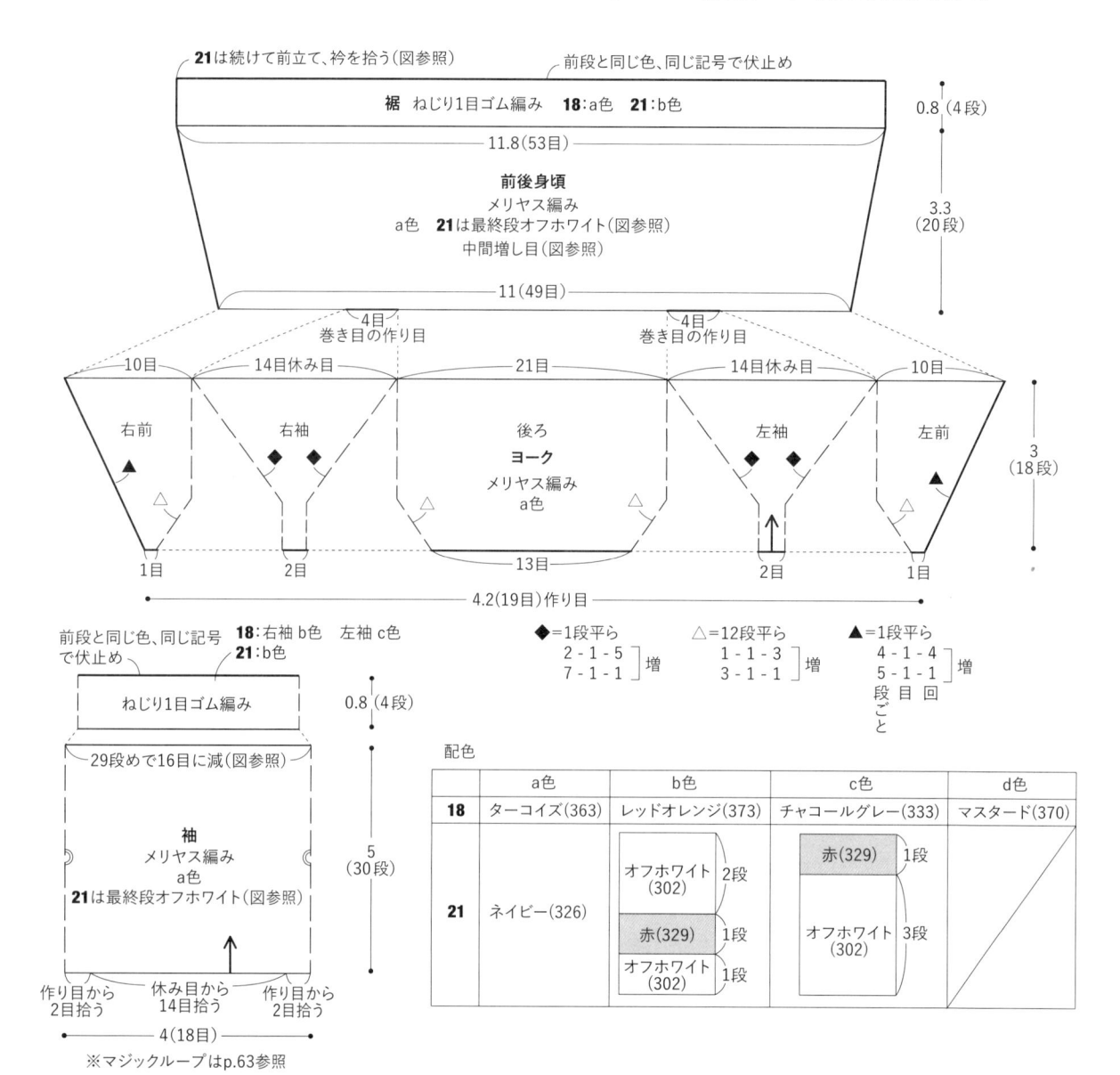

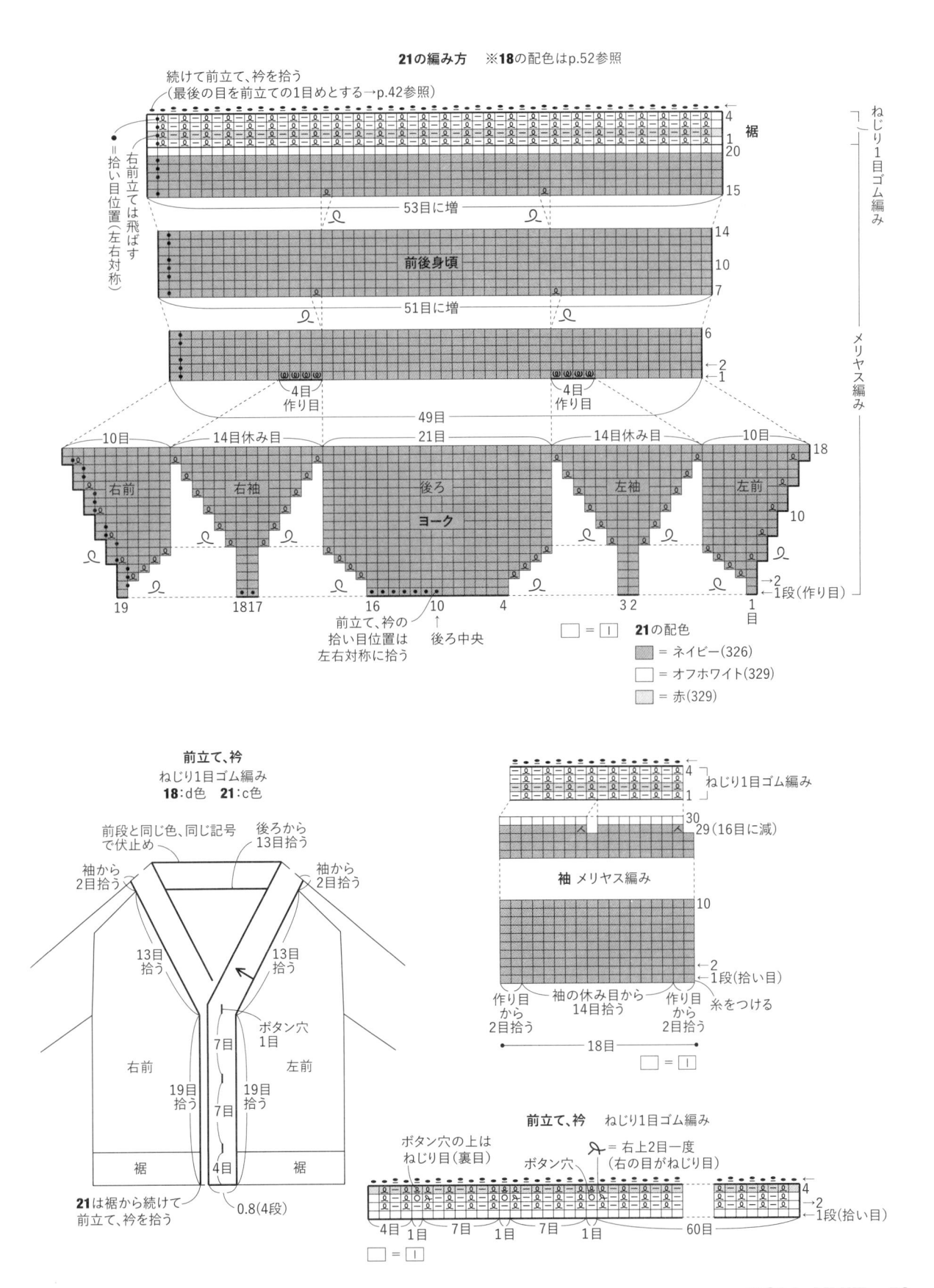

21の編み方　※18の配色はp.52参照

続けて前立て、衿を拾う
（最後の目を前立ての1目めとする→p.42参照）

裾

ねじり1目ゴム編み

右前立ては飛ばす
= 拾い目位置（左右対称）

メリヤス編み

53目に増

前後身頃

51目に増

4目作り目

4目作り目

49目

10目　　14目休み目　　21目　　14目休み目　　10目

右前　右袖　後ろ　左袖　左前

ヨーク

19　　1817　　16　←10　4　　32　　1目

前立て、衿の
拾い目位置は
左右対称に拾う　　後ろ中央

□ = Ｉ

21の配色

■ = ネイビー(326)
□ = オフホワイト(329)
▨ = 赤(329)

前立て、衿

ねじり1目ゴム編み
18:d色　21:c色

前段と同じ色、同じ記号で伏止め
後ろから13目拾う
袖から2目拾う
袖から2目拾う

13目拾う　13目拾う

7目　ボタン穴1目

右前　左前

19目拾う　19目拾う

7目

4目

裾　裾

21は裾から続けて
前立て、衿を拾う
0.8(4段)

ねじり1目ゴム編み

30
29(16目に減)

袖　メリヤス編み

10

←2
←1段(拾い目)

作り目から2目拾う　袖の休み目から14目拾う　作り目から2目拾う　糸をつける

18目

□ = Ｉ

前立て、衿　ねじり1目ゴム編み

ボタン穴の上は
ねじり目(裏目)
ボタン穴

⋏ = 右上2目一度
(右の目がねじり目)

4
←2
←1段(拾い目)

4目　1目　7目　1目　7目　1目　60目

□ = Ｉ

衿つきジャケット　24 /p.10
ノルディックジャケット　27, 29 /p.11

《糸》

24 パピー ニュー 3PLY　ピスタチオ (369)

27 パピー ニュー 3PLY　ネイビー (326)、グレー (364)、
マスタード (370)、ボルドー (328)、ストロー (365)、赤 (329)、
オフホワイト (302)

29 パピー ニュー 3PLY　ブラウン (317)、ストロー (365)、
グレー (364)、ボルドー (328)、オフホワイト (302)、赤 (329)

《用具》
2.5mm、2mm80cm輪針

《その他》
直径0.5cmのボタン4個

《ゲージ》
メリヤス編み、メリヤス編みの編込み模様　4.5目6段が1cm四方

《サイズ》
身幅6.3cm、着丈7.3cm、ゆき丈10.2cm

《編み方》

糸は1本どりで、指定の針の号数、配色で編みます。
指に糸をかける方法で作り目をして、衿を両面ねじり1目ゴム編みで編みます。続けてヨークをメリヤス編み（またはメリヤス編みの編込み模様）で増しながら編みます。袖を休み目にし、次段で巻き目の作り目をして編み、前後身頃を指定の位置で増しながらメリヤス編みで編みます。続けて裾のねじり1目ゴム編みを編みます。編終りは前段と同じ記号で伏止めにします。糸は切らずに右前立ての両面ねじり1目ゴム編みを編みますが衿の9段は裏から拾います（p.39参照）。左前立ては糸をつけて対称に拾い、ボタン穴をあけます。編終りは裾と同様にします。袖はヨークの休み目を針に移し、巻き目の作り目の中央から2目ずつ拾い、2段めで図のように1目減らしてメリヤス編み（またはメリヤス編みの編込み模様）、ねじり1目ゴム編みを輪に編みます。編終りは裾と同様にします。脇の始末をします。前立てを突き合わせて縫い糸でかがり、お湯に浸して編み目を整え、中に化繊わたを詰めて乾かします。右前立てにボタンをつけます。

※ p.32 ～ 37の編み方プロセスも併せてごらんください。

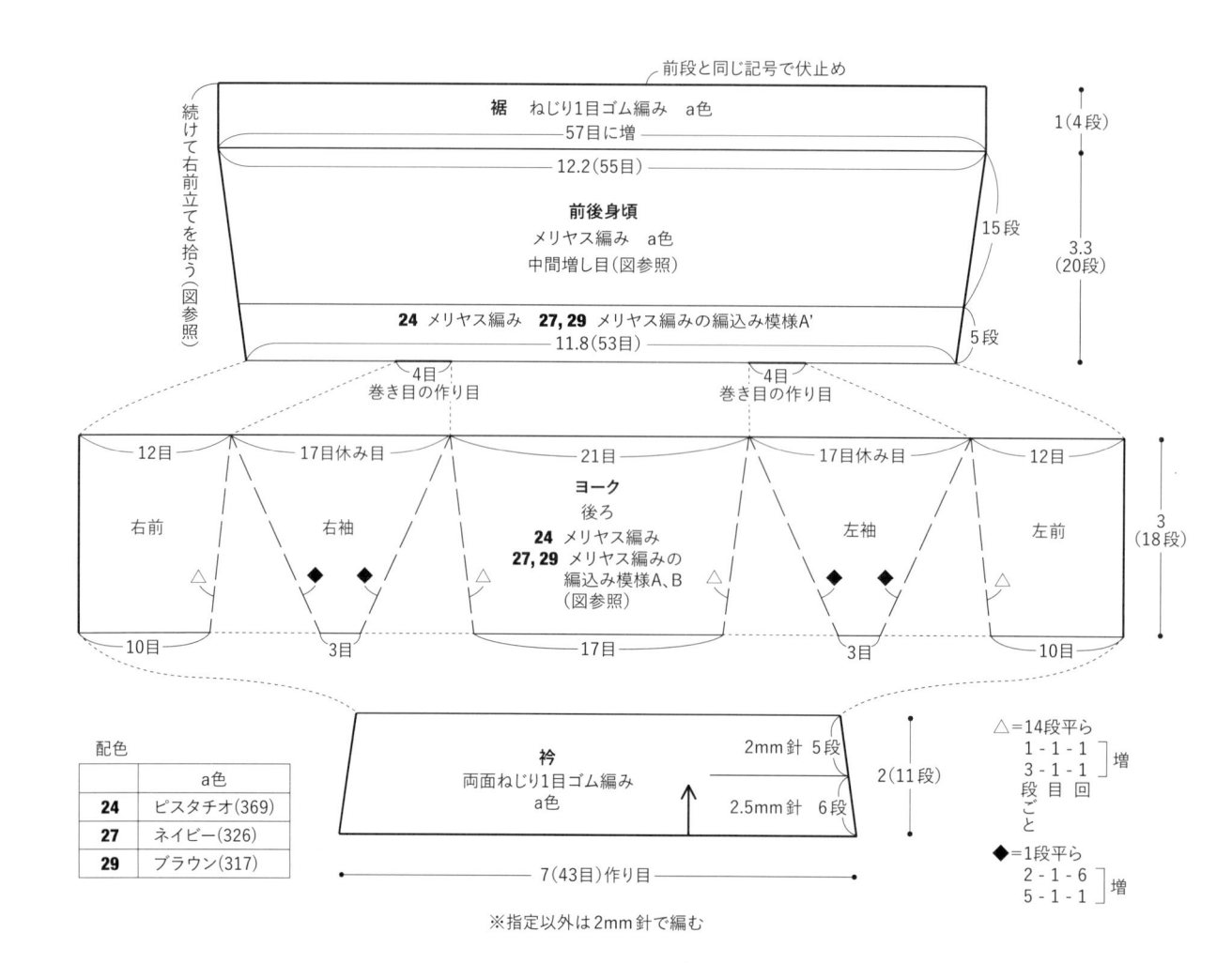

配色	
	a色
24	ピスタチオ(369)
27	ネイビー(326)
29	ブラウン(317)

※指定以外は2mm針で編む

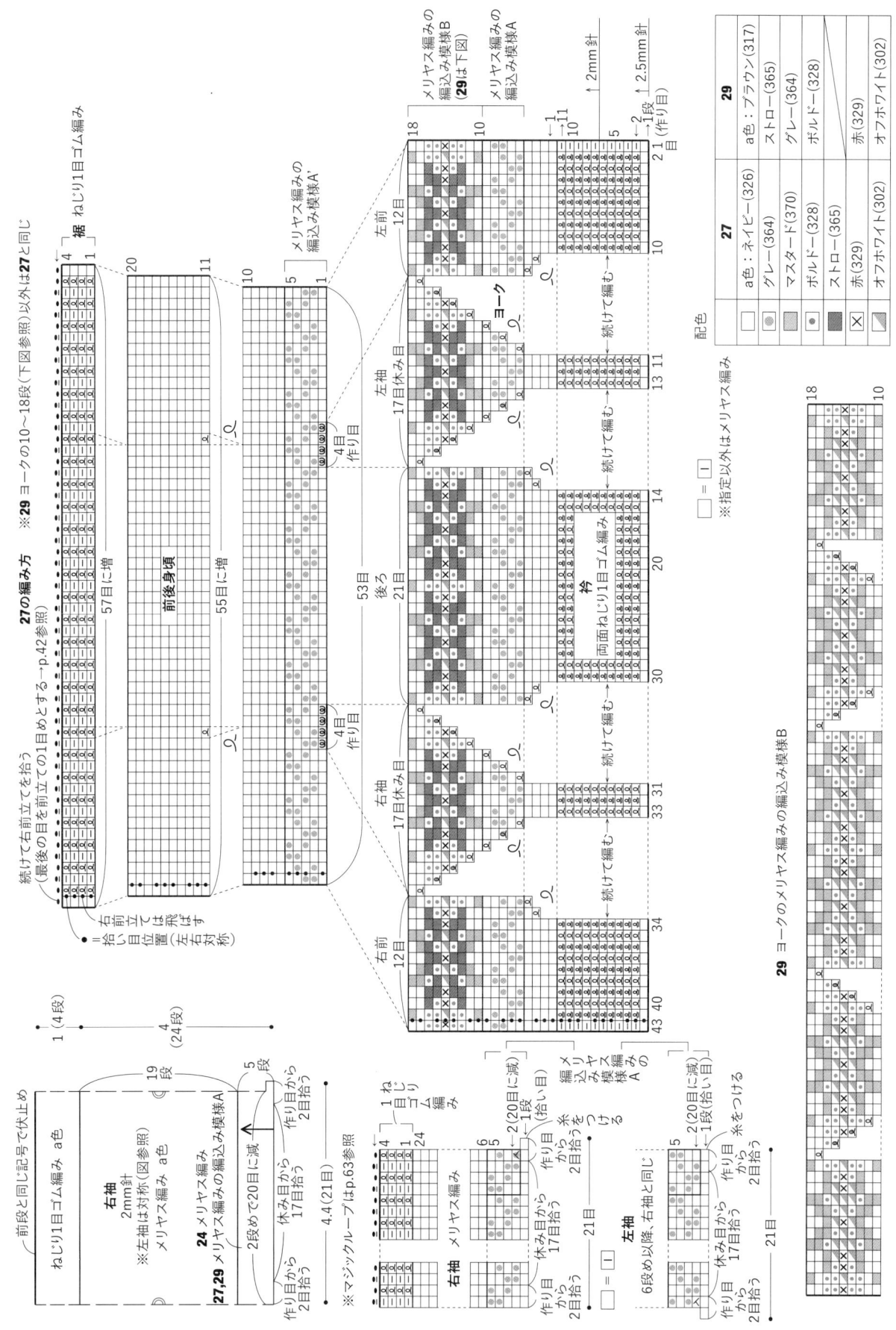

次ページへ続く

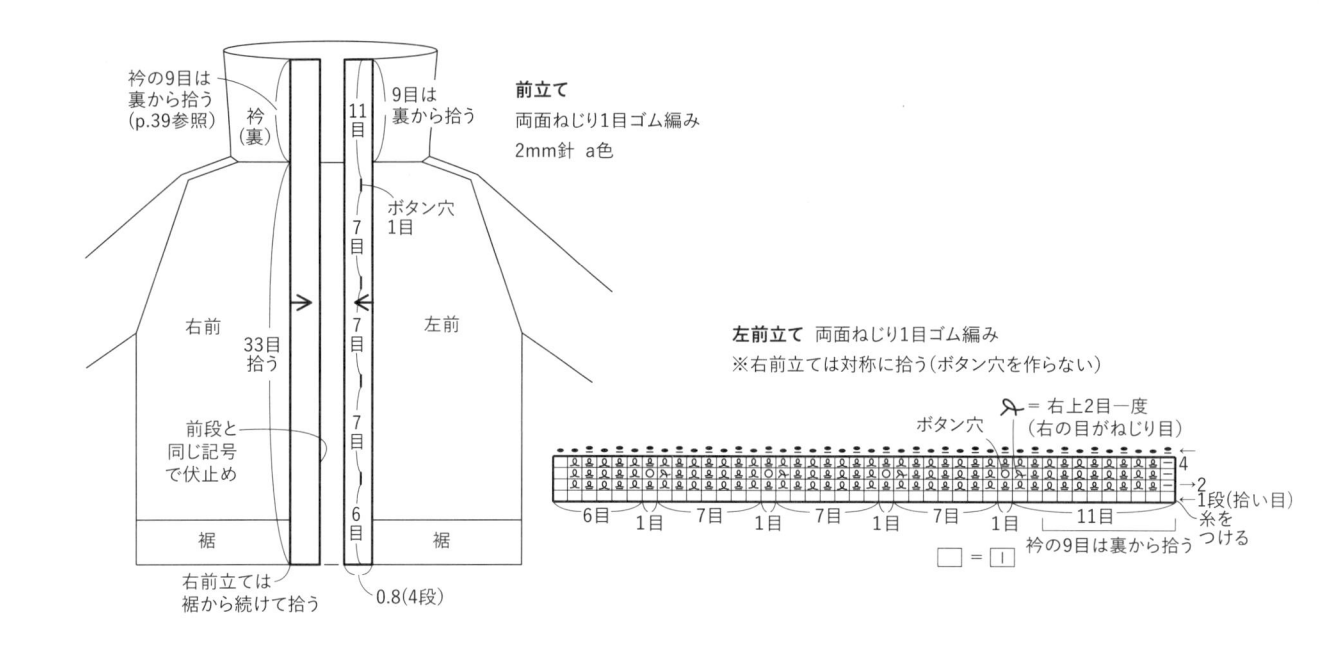

前立て
両面ねじり1目ゴム編み
2mm針 a色

衿の9目は裏から拾う（p.39参照）

9目は裏から拾う

ボタン穴 1目

右前立ては裾から続けて拾う

前段と同じ記号で伏止め

33目拾う

右前 左前

裾 裾

0.8(4段)

左前立て 両面ねじり1目ゴム編み
※右前立ては対称に拾う（ボタン穴を作らない）

ボタン穴

✖ = 右上2目一度（右の目がねじり目）

□ = |

6目 1目 7目 1目 7目 1目 7目 1目 11目

衿の9目は裏から拾う

1段(拾い目) 糸をつける

ラメバッグ　12 /p.6, 21, 28　64 /p.22, 23, 28

《糸》
DARUMA ラメのレース糸 #30
12　シャンパンゴールド (6)　**64**　ブロンズ (5)

《用具》
No.4レース針

《ゲージ》
長編み　4.3目2段が1cm四方

《サイズ》
幅6cm、深さ3cm

《編み方》
糸は1本どりで編みます。
持ち手をスレッドコードで2本編んでおきます。本体は糸端を20cm残して、鎖編みの作り目をします。1段めは鎖の裏山を拾って編みます。模様編みを12段編んだら、糸端を20cm残して切ります。持ち手を縫い糸でとじつけ、本体に挟み込んで編始めの糸端でまつります。二つ折りにし、両脇をあき止まりまで巻きかがりします。

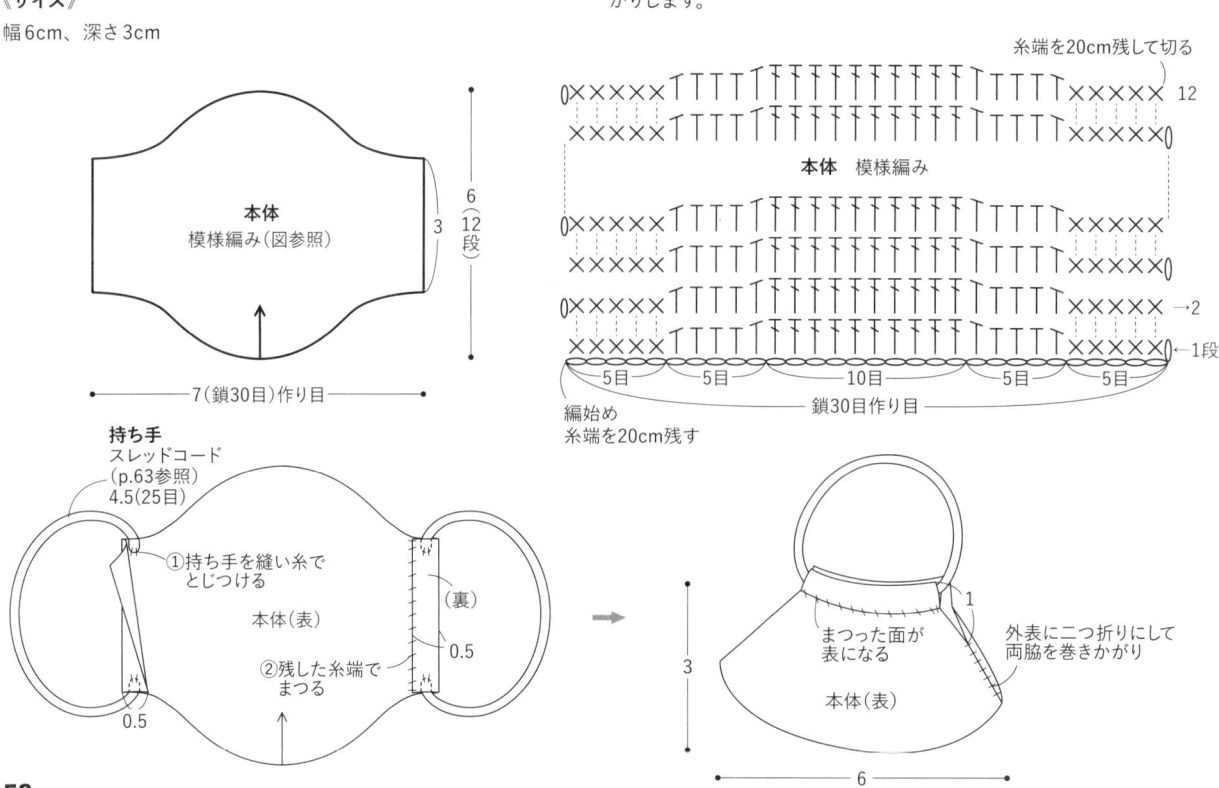

本体
模様編み（図参照）

6(12段)

3

7(鎖30目)作り目

糸端を20cm残して切る

本体　模様編み

→2

1段

5目 5目 10目 5目 5目

鎖30目作り目

編始め
糸端を20cm残す

持ち手
スレッドコード（p.63参照）
4.5(25目)

①持ち手を縫い糸でとじつける

本体(表)

(裏) 0.5

②残した糸端でまつる

0.5

まつった面が表になる

1

外表に二つ折りにして両脇を巻きかがり

3

本体(表)

6

編込みポンポン帽　26, 28 /p.11, 28　79 /p.28

《糸》

26　パピー ニュー 3PLY　ネイビー (326)、マスタード (370)、
　　ボルドー (328)、ストロー (365)、赤 (329)、オフホワイト (302)
　　パピー ブリティッシュファイン　オフホワイト (001)

28　パピー ニュー 3PLY　ブラウン (317)、グレー (364)、
　　ボルドー (328)、オフホワイト (302)、赤 (329)
　　パピー ブリティッシュファイン　オフホワイト (001)

79　パピー ニュー 3PLY　オフホワイト (302)、赤 (329)
　　パピー ブリティッシュファイン　オフホワイト (001)

《用具》

2mm80cm 輪針

《ゲージ》

メリヤス編みの編込み模様、メリヤス編み　4.5目6段が1cm四方

《サイズ》

頭回り12.4cm、深さ4cm

《編み方》

糸は1本どりで、指定の配色で編みます。

糸端を20cm残して、指に糸をかける方法で作り目をして、ガーター編みを往復に6段編みます。メリヤス編みの編込み模様を糸を横に渡す編込みで輪に編みます。続けてメリヤス編みを減らしながら編み、残った目に糸を通して絞ります。編始めに残した糸端で、往復編みの6段をかがります。お湯に浸して編み目を整え、中に化繊わたを詰めて乾かします (p.36参照)。ポンポンを作り、トップにつけます。

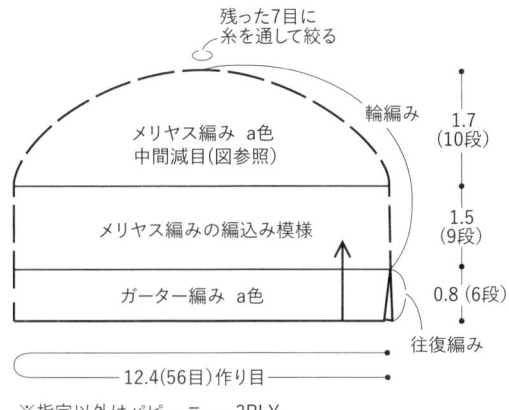
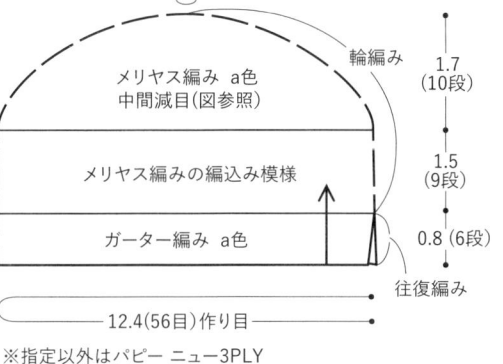

※指定以外はパピー ニュー3PLY

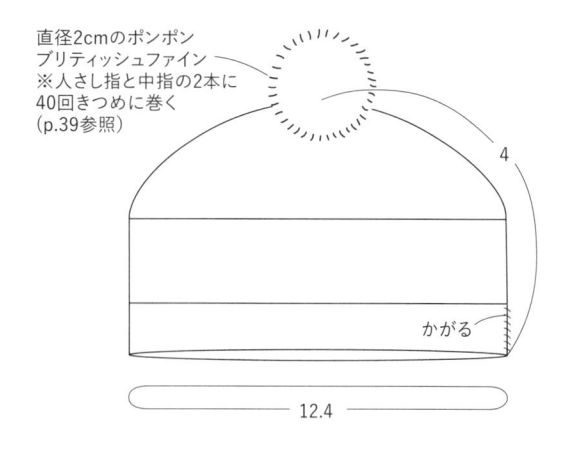

26 の編み方

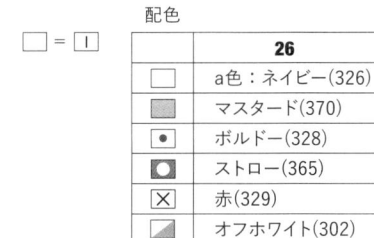

配色

	26
	a色：ネイビー (326)
	マスタード (370)
・	ボルドー (328)
◖	ストロー (365)
✕	赤 (329)
◩	オフホワイト (302)

□ = | |

28　メリヤス編みの編込み模様

8目一模様
(7回繰り返す)

配色

	28
	a色：ブラウン (317)
	グレー (364)
・	ボルドー (328)
◖	オフホワイト (302)
✕	赤 (329)

79　メリヤス編みの編込み模様

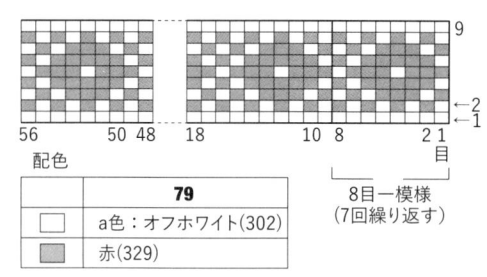

8目一模様
(7回繰り返す)

配色

	79
	a色：オフホワイト (302)
	赤 (329)

アランポシェット　**22** /p.9, 14, 19　**40** /p.16, 29

《糸》
パピー ニュー 3PLY
22 オフホワイト (302)　**40** ベージュ (356)
《用具》
2mm80cm輪針　1.3mmビーズ編み針　No.0レース針
《ゲージ》
模様編み　5.5目6.3段が1cm四方
メリヤス編み　4.5目6段が1cm四方
《サイズ》
幅3cm、深さ3.8cm

《編み方》
糸は1本どりで、指定の針の号数で編みます。
指に糸をかける方法で作り目をし、模様編みで編みます。続けてメリヤス編みを編みますが、1段めで減らしながら編みます。編終りは伏止めにし、脇と底をかがる糸端を30cm残して切ります。外表に二つ折りにし、残した糸端で脇と底をかがります。ひもをスレッドコードで編み、とじつけます。お湯に浸して編み目を整え、中に化繊わたを詰めて乾かします（p.36参照）。

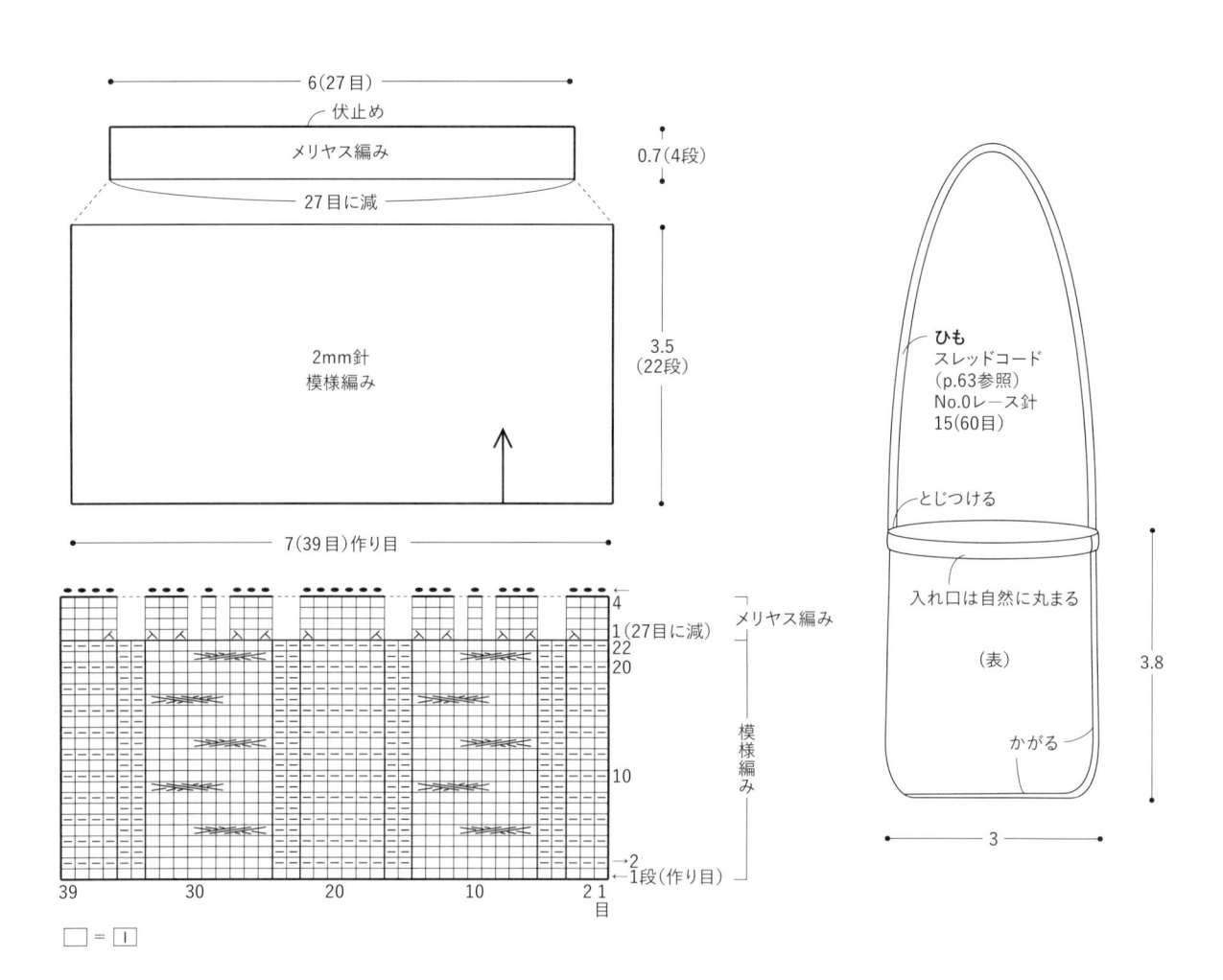

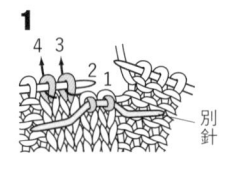 **右上2目交差**　※目数が違うときも同じ要領で編む
※別針にビーズ編み針を使用する

1　1と2の目を別針に移して手前に休め、3と4の目を表目で編む

2　休めておいた1と2の目を表目で編む。右の2目が上に交差する

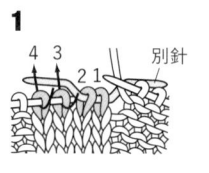 **左上2目交差**　※目数が違うときも同じ要領で編む
※別針にビーズ編み針を使用する

1　1と2の目を別針に移して向うに休め、3と4の目を表目で編む

2　休めておいた1と2の目を表目で編む。左の2目が上に交差する

2wayアランカーディガン　**30** /p.12
2wayアランロングカーディガン　**33** /p.13

《糸》

30　パピー ニュー 3PLY　オフホワイト (302)

33　パピー ニュー 3PLY　ダスティピンク (304)

《用具》

2mm80cm輪針　No.6レース針

《その他》

30　直径 0.5cmのボタン4個

33　直径 0.6cmのボタン6個

《ゲージ》

メリヤス編み　4.5目6段が1cm四方

《サイズ》

30　身幅6.4cm、着丈7cm、ゆき丈9.7cm

33　身幅6.4cm、着丈11cm、ゆき丈9.7cm

《編み方》

糸は1本どりで、指定の針の号数で編みます。

指に糸をかける方法で作り目をして、衿ぐりをねじり1目ゴム編みで編みます。続けてヨークを模様編みで増しながら編みます。袖を休み目にし、次段で巻き目の作り目をして編み、前後身頃を指定の位置で増しながら編みます。続けて裾のねじり1目ゴム編みを編み、編終りは前段と同じ記号で伏止めにします。糸は切らずに右前立ての拾い目をして、ねじり1目ゴム編みを編みます。左前立ては糸をつけて編み、ボタン穴をあけます。編終りは裾と同様にします。袖はヨークの休み目を針に移し、巻き目の作り目の中央から2目ずつ拾って、メリヤス編みを輪に編みますが、2、3段めと24段めで図のように減らします。続けてねじり1目ゴム編みを編み、編終りは裾と同様にします。脇の始末をします。前立てを突き合わせて縫い糸でかがり、お湯に浸して編み目を整え、中に化繊わたを詰めて乾かします。右前立てにボタンをつけます。

※編み図は前あきで解説していますが後ろを前に着用できます。

※ p.32 〜 38の編み方プロセスも併せてごらんください。

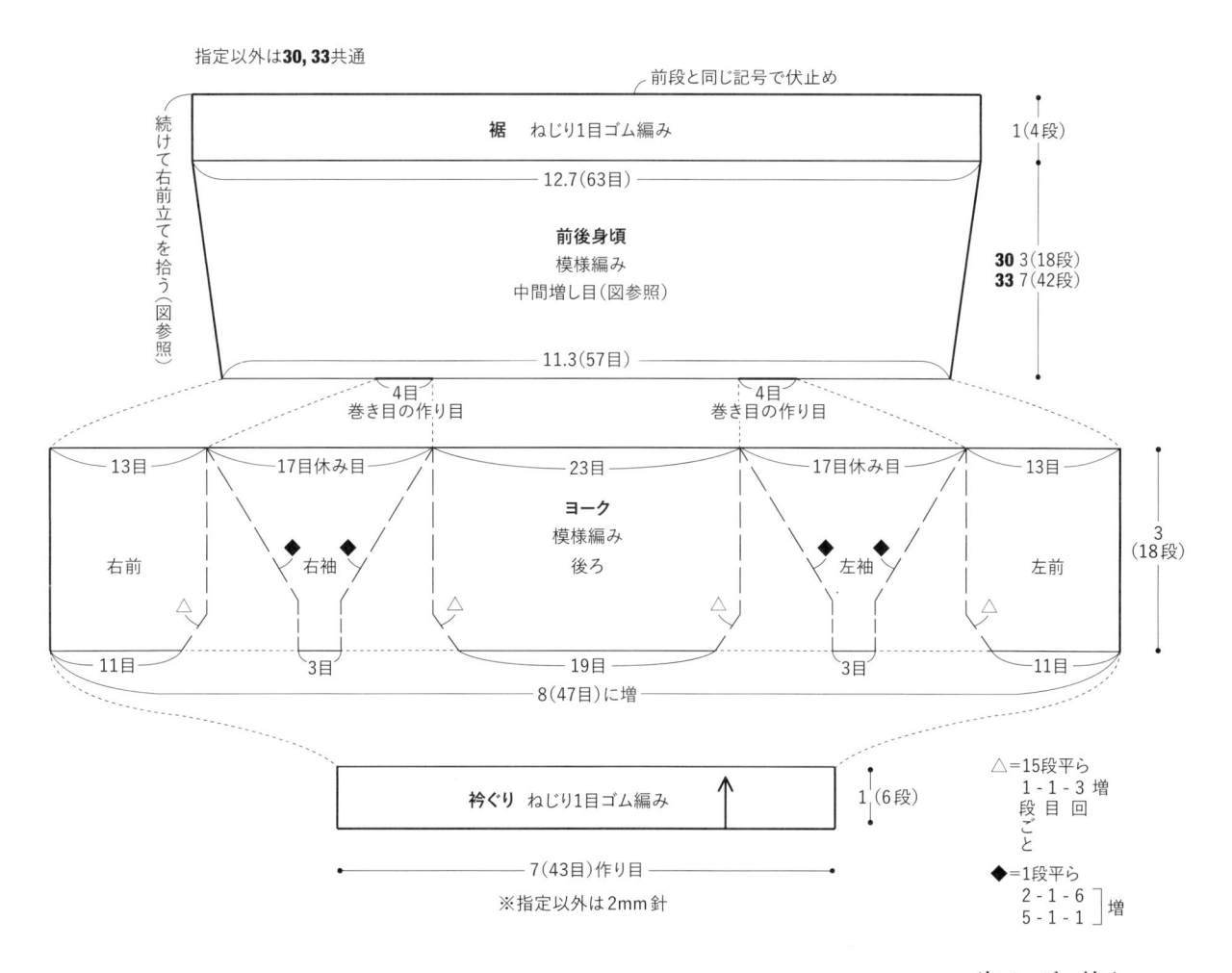

次ページへ続く

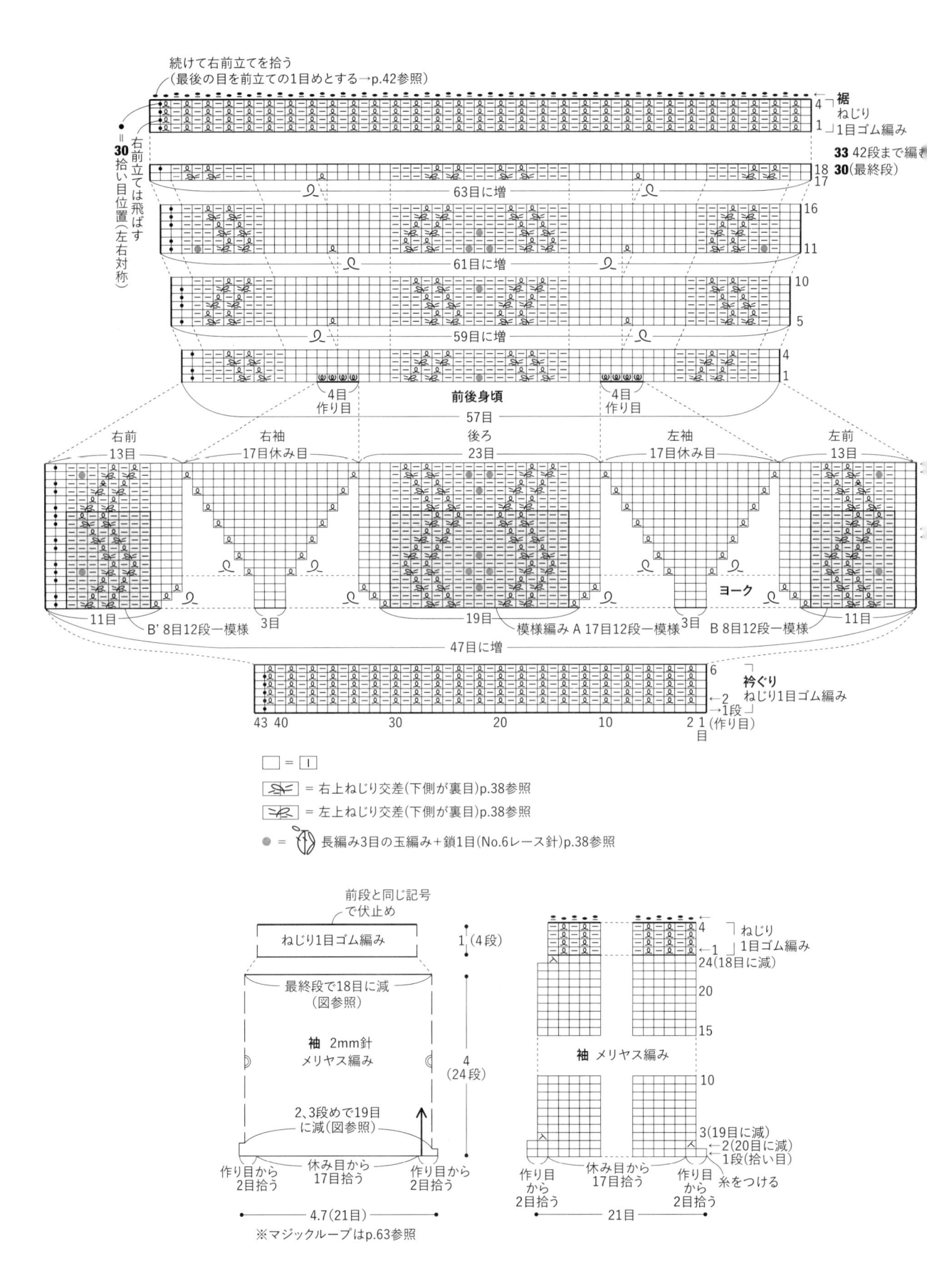

続けて右前立てを拾う
(最後の目を前立ての1目めとする→p.42参照)

裾
4 ねじり
1 1目ゴム編み

33 42段まで編む
18 30(最終段)
17

= 右前立ては飛ばす(左右対称)
30 拾い目位置(左右対称)

63目に増
16
11
61目に増
10
5
59目に増
4
1

4目作り目
前後身頃
4目作り目
57目

右前 13目
右袖 17目休み目
後ろ 23目
左袖 17目休み目
左前 13目

ヨーク

11目
B' 8目12段一模様
3目
19目
模様編み A 17目12段一模様
3目
B 8目12段一模様
11目

47目に増

衿ぐり
ねじり1目ゴム編み
6
2
→1段
43 40   30   20   10   2 1(作り目)
目

□ = |

= 右上ねじり交差(下側が裏目)p.38参照

= 左上ねじり交差(下側が裏目)p.38参照

● = 長編み3目の玉編み+鎖1目(No.6レース針)p.38参照

前段と同じ記号で伏止め

ねじり1目ゴム編み
1(4段)

最終段で18目に減(図参照)

袖 2mm針
メリヤス編み
4(24段)

2、3段めで19目に減(図参照)

作り目から2目拾う
休み目から17目拾う
作り目から2目拾う

4.7(21目)

※マジックループはp.63参照

ねじり
1目ゴム編み
4
←1
24(18目に減)
20
15

袖 メリヤス編み

10
3(19目に減)
←2(20目に減)
1段(拾い目)

作り目から2目拾う
休み目から17目拾う
作り目から2目拾う
糸をつける

21目

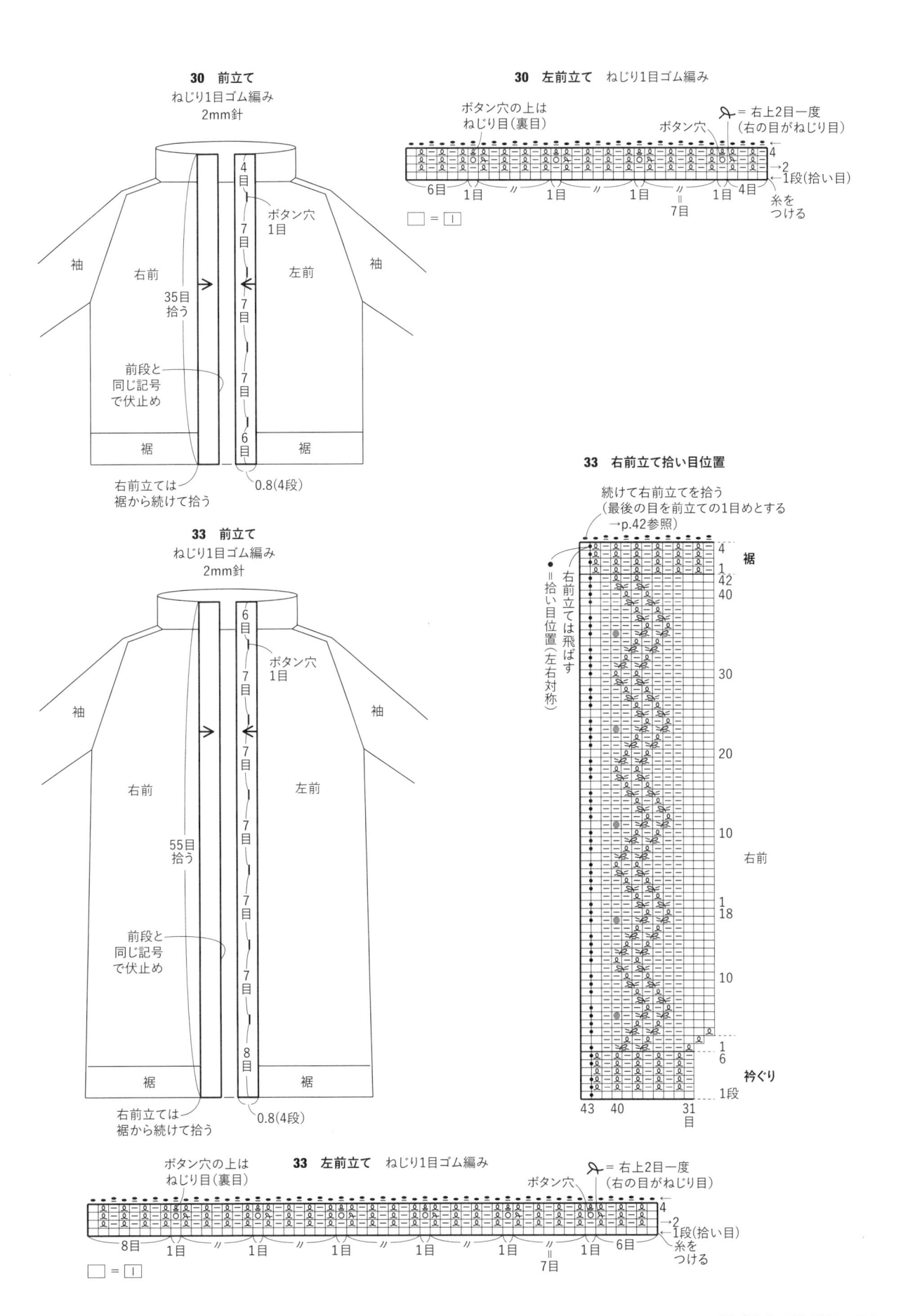

30 前立て
ねじり1目ゴム編み
2mm針

- 4目
- 7目　ボタン穴1目
- 7目
- 7目
- 6目　0.8(4段)

袖　右前　35目拾う　左前　袖

前段と同じ記号で伏止め

裾　裾

右前立ては裾から続けて拾う

30 左前立て　ねじり1目ゴム編み

ボタン穴の上はねじり目(裏目)

ボタン穴

⅄ = 右上2目一度(右の目がねじり目)

6目　1目　〃　1目　〃　1目　〃　1目　〃　7目　1目　4目　←4　←2　←1段(拾い目)　糸をつける

□ = □

33 前立て
ねじり1目ゴム編み
2mm針

- 6目
- 7目　ボタン穴1目
- 7目
- 7目
- 7目
- 8目　0.8(4段)

袖　右前　55目拾う　左前　袖

前段と同じ記号で伏止め

裾　裾

右前立ては裾から続けて拾う

33 右前立て拾い目位置

続けて右前立てを拾う
(最後の目を前立ての1目めとする
→p.42参照)

右前立ては飛ばす
● = 拾い目位置(左右対称)

裾　42　40　30　20　10　右前　18　10　6　衿ぐり　1段

43　40　31　目

33 左前立て　ねじり1目ゴム編み

ボタン穴の上はねじり目(裏目)

ボタン穴

⅄ = 右上2目一度(右の目がねじり目)

8目　1目　〃　1目　〃　1目　〃　1目　〃　1目　〃　7目　1目　6目　←4　←2　←1段(拾い目)　糸をつける

□ = □

ボーダートートバッグ 31 /p.12, 26, 27, 28
トートバッグ 43 /p.16, 27, 28

《糸》
31 オリムパス 刺し子糸　生成り(2)、紺(10)
43 オリムパス 刺し子糸　マスタード(5)

《用具》
2mm80cm輪針

《その他》
0.4cm幅の革8cm2本、縫い糸

《ゲージ》
メリヤス編み、メリヤス編み縞　4目5.5段が1cm四方

《サイズ》
幅5cm、深さ4.7cm

《編み方》
糸は1本どりで、指定の配色で編みます。
糸端を20cm残して、指に糸をかける方法で作り目をして、ガーター編みを往復に4段編みます。31はメリヤス編み縞、43はメリヤス編みを減らしながら輪に編みます。編終りは休み目にし、突き合わせてメリヤスはぎにします。編始めに残した糸端で往復編みの4段をかがります。革の持ち手に目打ちで穴をあけ、指定の位置に縫い糸でつけます。

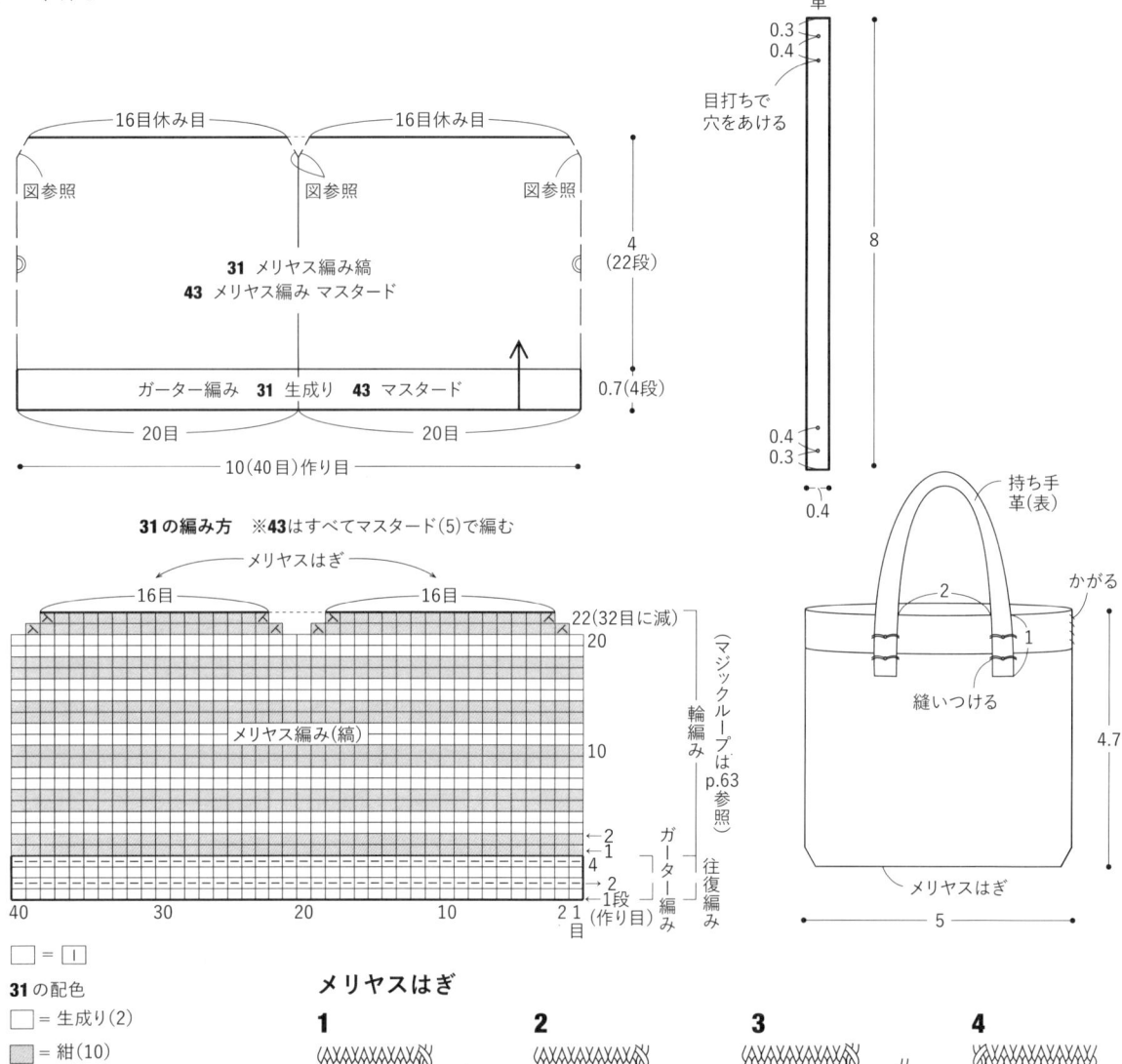

イヤーマフ＆ティペット　**32**／p.13, 28　**61**／p.22

《糸》

32　パピー　キッドモヘアファイン　ダークレッド（20）
　　　パピー　ニュー 3PLY　ブラウン（317）

61　パピー　キッドモヘアファイン　オフホワイト（2）
　　　パピー　ニュー 3PLY　オフホワイト（302）

《用具》

2.75mm80cm輪針、No.0レース針

《ゲージ》

メリヤス編み　3.3目4段が1cm四方

《サイズ》

幅3cm、長さ10cm（ひもを含まない）

《編み方》

糸は1本どりで、指定の配色、針の号数で編みます。
ひもをスレッドコードで2本編んでおきます。糸端を20cm残して、
指に糸をかける方法で作り目をし、2段めで増し目をします。メリ
ヤス編みを輪に編みます。最終段で減し目をします。残った目に糸
を通し、編んでおいたひもの編終り側をひと結びして中に入れ、絞
ります。編始め側は、残しておいた糸端を作り目に通し、同様に絞
ります。お湯に浸して編み目を整え（p.36 参照）、乾かします。

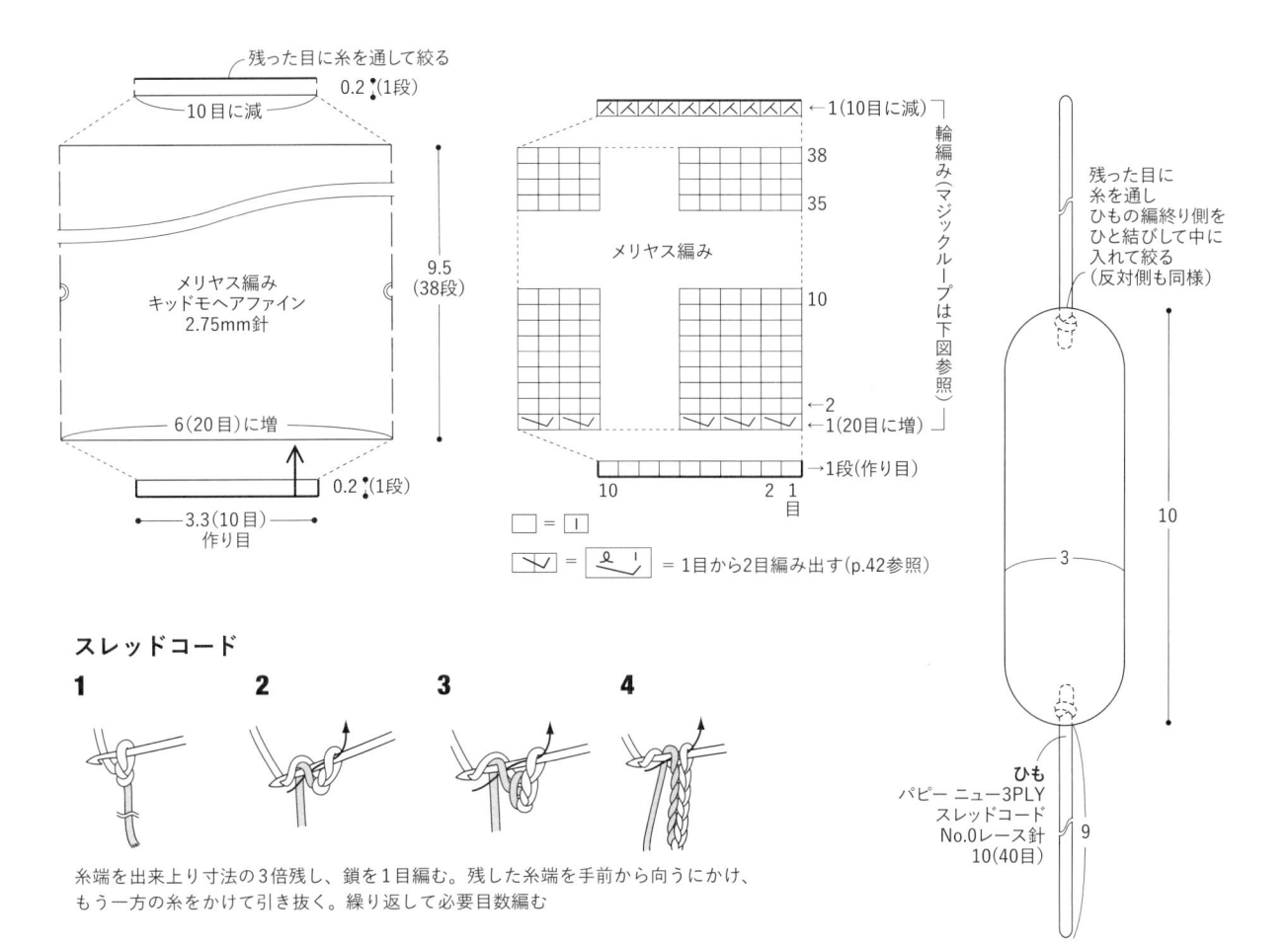

スレッドコード

1　　　　**2**　　　　**3**　　　　**4**

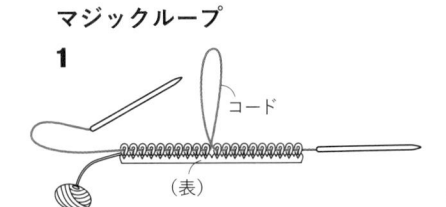

糸端を出来上り寸法の3倍残し、鎖を1目編む。残した糸端を手前から向うにかけ、
もう一方の糸をかけて引き抜く。繰り返して必要目数編む

マジックループ

1　　　　　　　　　　**2**　　　　　　　　**3**

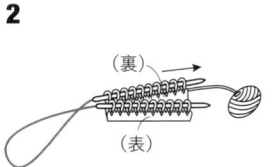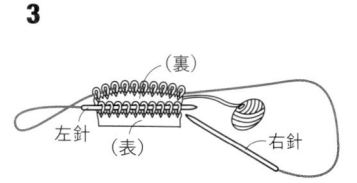

輪に編む際は、目を針からコードに
移動させ、半分の目に分け、目と目
の間からコードを引き出す

目を針先に移動させ、糸がついて
いる針を向う側にして、向う側の
針を引き出す

引き出した右針で手前側を編む。
手前側の目を編んだら、左針に向
う側の目を通してから、右針を引
き出して手前側を編む

モヘアフードつきジャケット　**34** /p.14
3色フードつきジャケット　**45** /p.17

《糸》
34　パピー キッドモヘアファイン　エメラルド (48)
45　パピー ニュー 3PLY　ベージュ (356)、オフホワイト (302)、
　　　　オリーブ (349)
《用具》
2mm80cm輪針
《その他》
直径0.3cmのボタン4個
《ゲージ》
メリヤス編み　4.5目6段が1cm四方
《サイズ》
身幅5.9cm、着丈7.1cm、ゆき丈10.4cm

《編み方》
糸は1本どりで、指定の配色で編みます。
糸端をフードの引抜きはぎ用に30cm残して、指に糸をかける方
法で作り目をし、フードのトップからメリヤス編みとねじり1目ゴム
編みで減らしながら編みます。続けてヨークを増しながら編み
ます。袖を休み目にし、次段で巻き目の作り目をして前後身頃の
メリヤス編みを編み、続けて裾のねじり1目ゴム編みを編みます。
編終りは前段と同じ記号で伏止めにします。糸は切らずに残して
おきます。フードを中表にして、編始めに残した糸で引抜きはぎ
にします。編終りに休めた糸で、右前立て、フード回り、左前立
ての順に拾い目をして、ねじり1目ゴム編みを編みますが、左前
立てにはボタン穴をあけます。編終りは裾と同様にします。袖は
ヨークの休み目を針に移し、巻き目の作り目の中央から2目ずつ
拾って、輪にメリヤス編みとねじり1目ゴム編みで編みます。編
終りは裾と同様にします。脇の始末をします。前立てを突き合わ
せて縫い糸でかがり、お湯に浸して編み目を整え、中に化繊わ
たを詰めて乾かします。右前立てにボタンをつけます。
※ p.32 ～ 37の編み方プロセスも併せてごらんください。

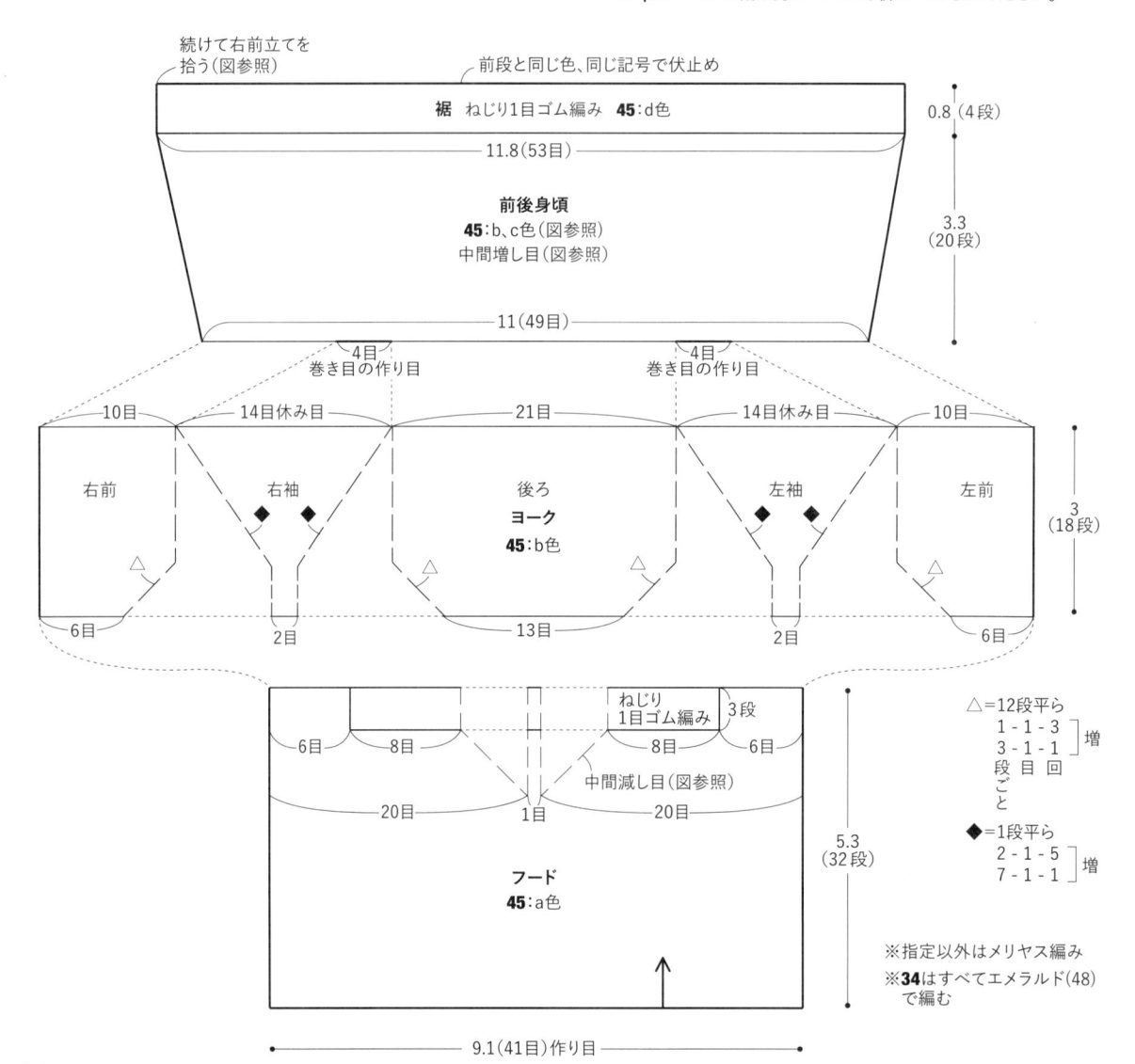

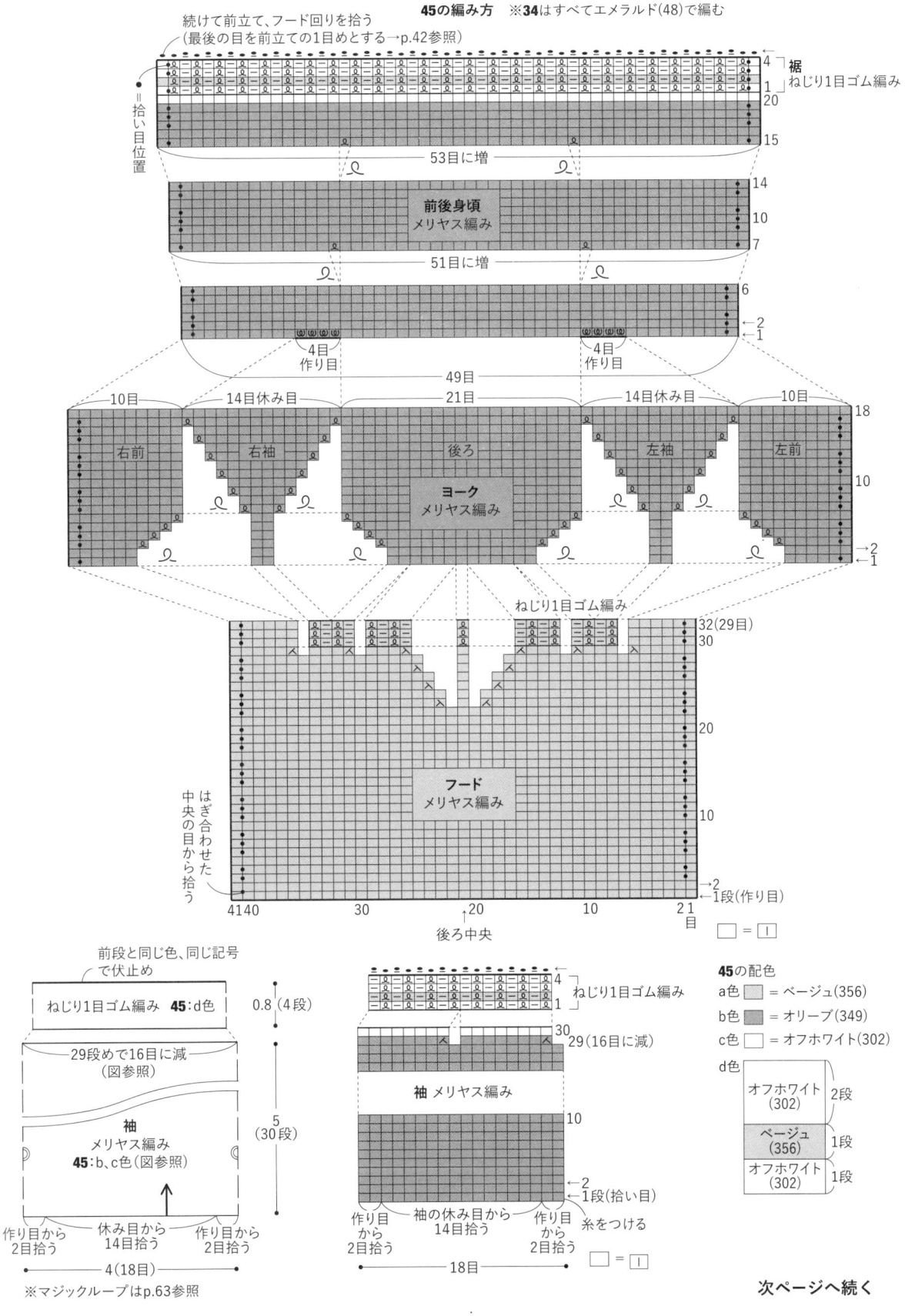

45の編み方 ※**34**はすべてエメラルド(48)で編む

続けて前立て、フード回りを拾う
(最後の目を前立ての1目めとする→p.42参照)

裾
ねじり1目ゴム編み

●＝拾い目位置

53目に増

前後身頃
メリヤス編み

51目に増

4目
作り目

4目
作り目

49目

10目　　14目休み目　　21目　　14目休み目　　10目

右前　　右袖　　後ろ　　左袖　　左前

ヨーク
メリヤス編み

ねじり1目ゴム編み

32(29目)

フード
メリヤス編み

はぎ合わせた中央の目から拾う

後ろ中央

□ = Ⅰ

前段と同じ色、同じ記号で伏止め

ねじり1目ゴム編み　**45**：d色

0.8(4段)

29段めで16目に減
(図参照)

袖
メリヤス編み
45：b、c色(図参照)

5
(30段)

作り目から
2目拾う

休み目から
14目拾う

作り目から
2目拾う

4(18目)

※マジックループはp.63参照

ねじり1目ゴム編み

30　29(16目に減)

袖 メリヤス編み

10

←2
←1段(拾い目)

糸をつける

作り目から
2目拾う

袖の休み目から
14目拾う

作り目から
2目拾う

18目

□ = Ⅰ

45の配色

a色 □ = ベージュ(356)

b色 ■ = オリーブ(349)

c色 □ = オフホワイト(302)

d色

オフホワイト(302)	2段
ベージュ(356)	1段
オフホワイト(302)	1段

次ページへ続く

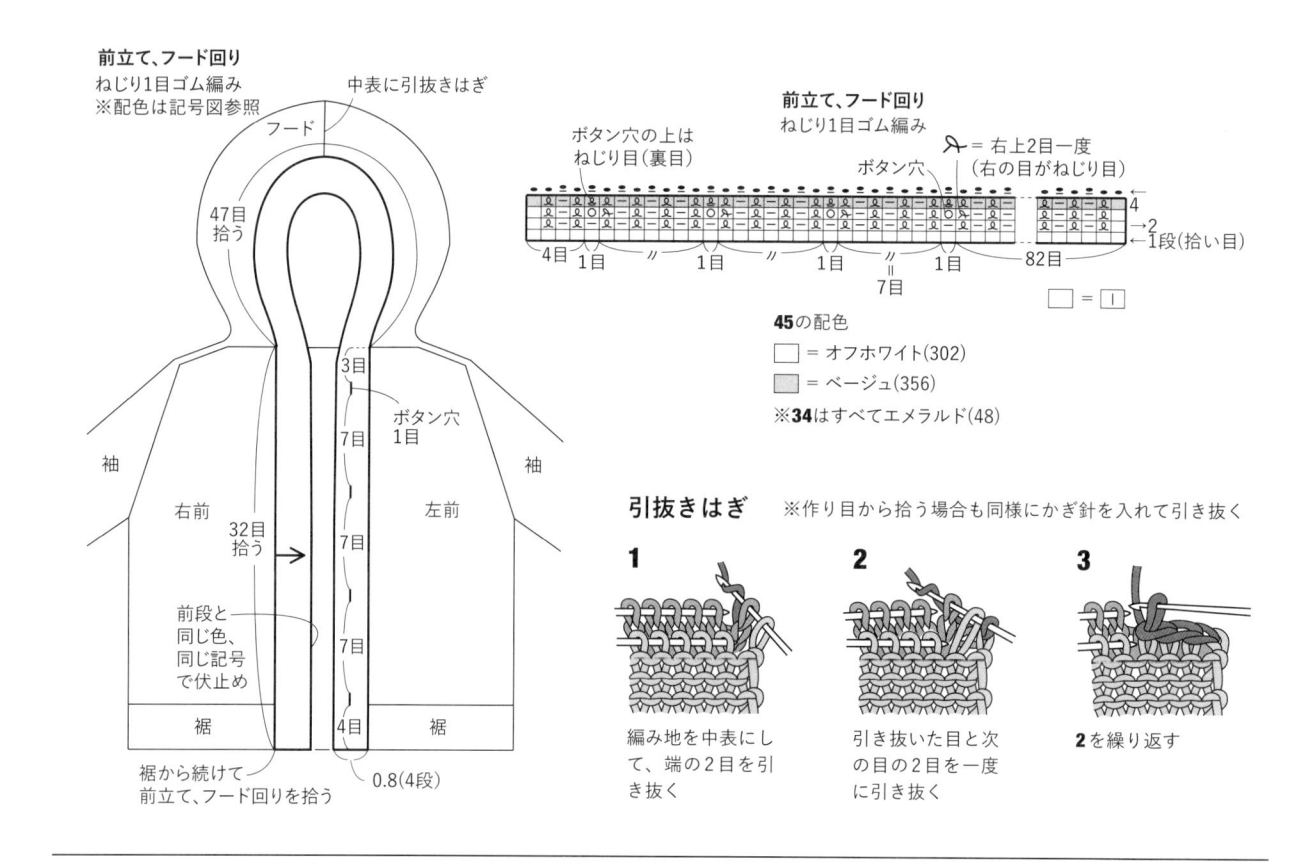

前立て、フード回り
ねじり1目ゴム編み
※配色は記号図参照

中表に引抜きはぎ

フード

47目
拾う

袖

右前　左前

32目
拾う

3目
ボタン穴
1目

7目

7目

前段と
同じ色、
同じ記号
で伏止め

7目

裾

裾

4目

裾から続けて
前立て、フード回りを拾う

0.8(4段)

前立て、フード回り
ねじり1目ゴム編み

ボタン穴の上は
ねじり目(裏目)

= 右上2目一度
（右の目がねじり目）

ボタン穴

4目　1目　〃　1目　〃　1目　〃　1目　82目

〃
7目

←4
←2
←1段(拾い目)

□ = ｜

45の配色

□ = オフホワイト(302)

▨ = ベージュ(356)

※**34**はすべてエメラルド(48)

引抜きはぎ　※作り目から拾う場合も同様にかぎ針を入れて引き抜く

1

編み地を中表にして、端の2目を引き抜く

2

引き抜いた目と次の目の2目を一度に引き抜く

3

2を繰り返す

丸モチーフポシェット　63 /p.22, 27　70 /p.23, 25, 27

《糸》
オリムパス 刺し子糸〈細〉
63 生成り(202)、青(210)、紺(211)、藍色(209)
70 生成り(202)、黄緑(206)、サーモンピンク(213)、
白(201)、山吹色(216)
《用具》
No.8、No.4レース針
《その他》
直径0.6cmのボタン1個
《サイズ》
幅3.5cm、深さ3.5cm

《編み方》
ひもは2本どり、指定以外は1本どりで、指定の針の号数、配色で編みます。
モチーフは輪の作り目をして編み始めます。3段め以降の玉編みは、前段の鎖を束に拾って編みます。2枚編み、外表に合わせ、入れ口を残して、半目の巻きかがりにします。ひも、ループをスレッドコードで編み、モチーフにとじつけます。ボタンをつけます。

モチーフの配色

段数	63	70
6	生成り(202)	生成り(202)
5		
4	青(210)	黄緑(206)
3	紺(211)	サーモンピンク(213)
2	藍色(209)	白(201)
1	生成り(202)	山吹色(216)

✕ = 細編みの筋編み(p.83参照)

◁ = 糸をつける

◀ = 糸を切る

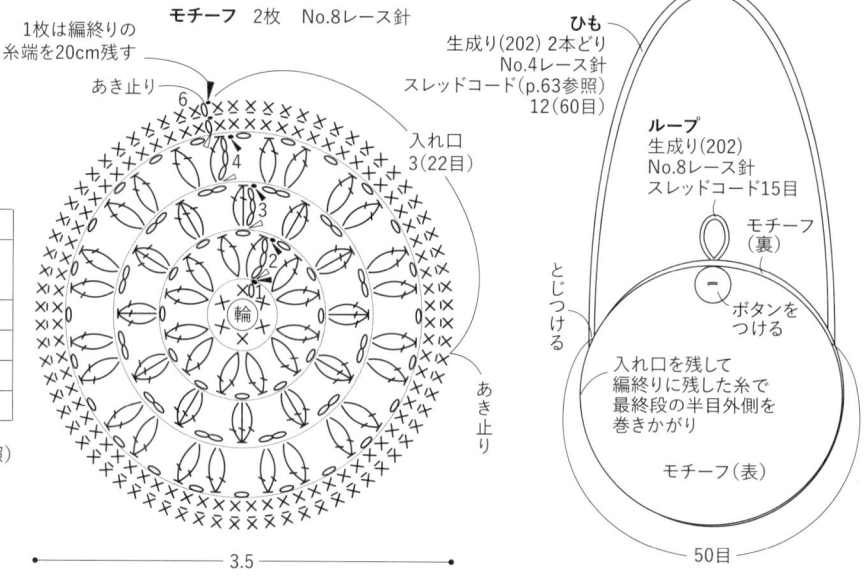

モチーフ 2枚 No.8レース針

1枚は編終りの
糸端を20cm残す

あき止り

6

入れ口
3(22目)

輪

あき止り

3.5

ひも
生成り(202) 2本どり
No.4レース針
スレッドコード(p.63参照)
12(60目)

ループ
生成り(202)
No.8レース針
スレッドコード15目

モチーフ
(裏)

ボタンを
つける

とじつける

入れ口を残して
編終りに残した糸で
最終段の半目外側を
巻きかがり

モチーフ(表)

50目

カンカン帽　36 /p.14, 26　66 /p.23, 25, 26, 27

《糸》
DARUMA レース糸 #40 紫野
36　生成り (2)　**66**　うす茶 (17)
《用具》
No.8レース針
《その他》
36　0.3cm幅のリボン13cm
《ゲージ》
細編みの筋編み　7目5段が1cm四方
《サイズ》
頭回り11cm、深さ1.4cm

《編み方》
糸は1本どりで編みます。
輪の作り目をして、トップから編み始めます。2段め以降、前段の細編みの向う半目を拾って細編みの筋編みで増しながら編みます。サイドは増減なく編み、ブリムは増しながら編み、引抜き編みを3目編みます。**36**はサイドにリボンを巻いて、端を0.5cm重ねて縫いとめます。

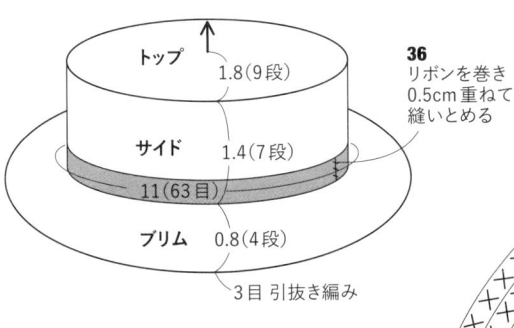

36
リボンを巻き0.5cm重ねて縫いとめる

3目 引抜き編み

※2段め以降、指定以外はすべて細編みの筋編みで編む

■ = 糸を切る
ブリム

目数と増し目

	編み地	段数	目数	増し目
ブリム	引抜き編み		3	
		4	91	+7
		3	84	+7
		2	77	+7
		1	70	+7
サイド		7〜1	63	±0
トップ	細編みの筋編み	9		+7
		8	56	+7
		7	49	+7
		6	42	+7
		5	35	+7
		4	28	+7
		3	21	+7
		2	14	+7
	細編み	1	7	

✕ = ✕ 2段め以降、すべて細編みの筋編み(p.83参照)で編む

∨ = ✕ 細編みの筋編みを2目編み入れる

《糸》

37 パピー キッドモヘアファイン　黄緑 (51)

44 パピー ニュー 3PLY　水色 (311)、チャコールグレー (333)、黒 (334)

《用具》

2mm80cm輪針

《ゲージ》

メリヤス編み　4.5目6段が1cm四方

《サイズ》

身幅5.5cm、着丈7.1cm、ゆき丈9cm

《編み方》

糸は1本どりで、指定の配色で編みます。

指に糸をかける方法で作り目をして、ヨークをメリヤス編みで増しながら、往復に編みます。袖を休み目にし、次段で巻き目の作り目をして編み、段の終りの前中央で巻き目の作り目をして、輪に編みます。指定の位置で増しながら前後身頃のメリヤス編みを編み、続けて裾のねじり1目ゴム編みを編みます。編終りは前段と同じ記号で伏止めにします。袖はヨークの休み目を針に移し、巻き目の作り目の中央から2目ずつ拾って、メリヤス編みとねじり1目ゴム編みを輪に編みます。編終りは裾と同様にします。衿ぐりは前後から拾い目をして、前中央を減らしながらねじり1目ゴム編みを輪に編みます。編終りは裾と同様にします。脇の始末をします。お湯に浸して編み目を整え、中に化繊わたを詰めて乾かします。

※ p.32 ～ 37の編み方プロセスも併せてごらんください。

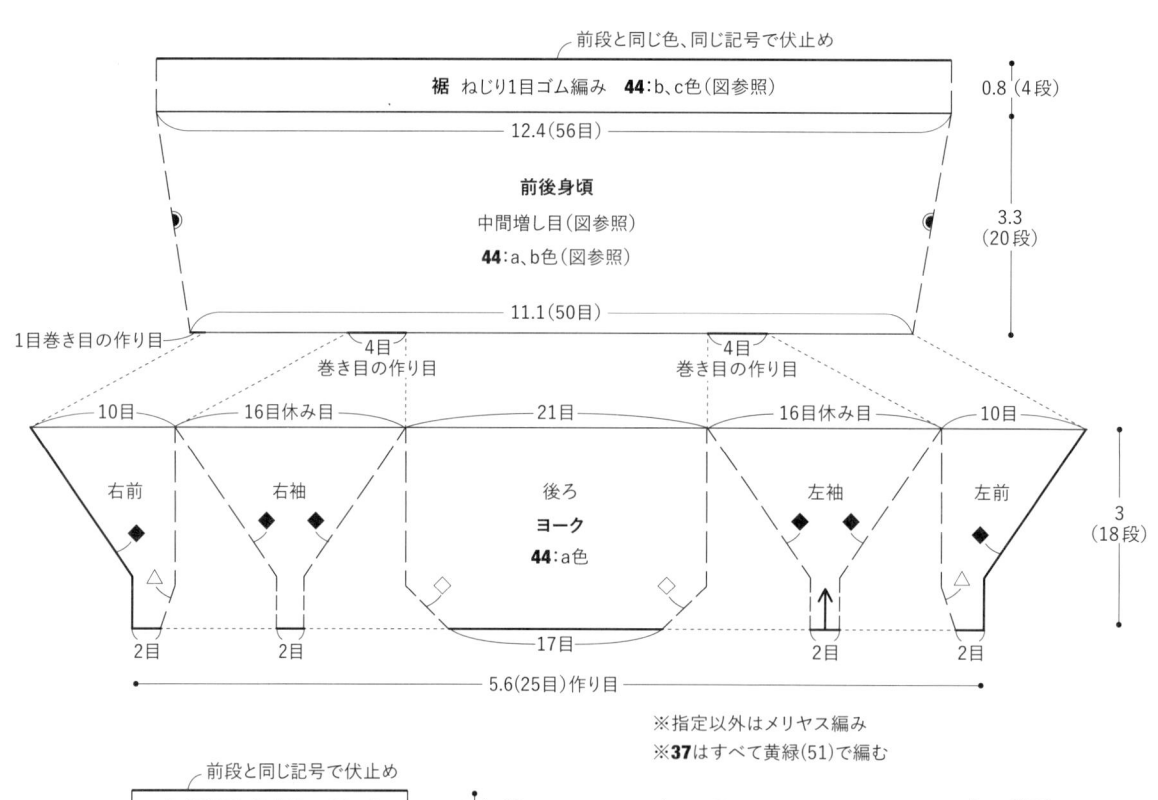

※指定以外はメリヤス編み

※**37**はすべて黄緑(51)で編む

◇=14段平ら
1-1-1
3-1-1 ┐増

△=14段平ら
4-1-1 増

◆=1段平ら
2-1-6
5-1-1 ┐増
段 目 回
ごと

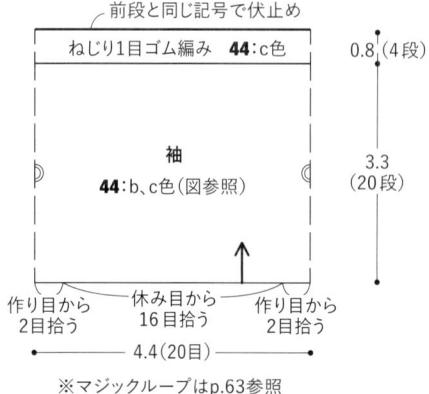

※マジックループはp.63参照

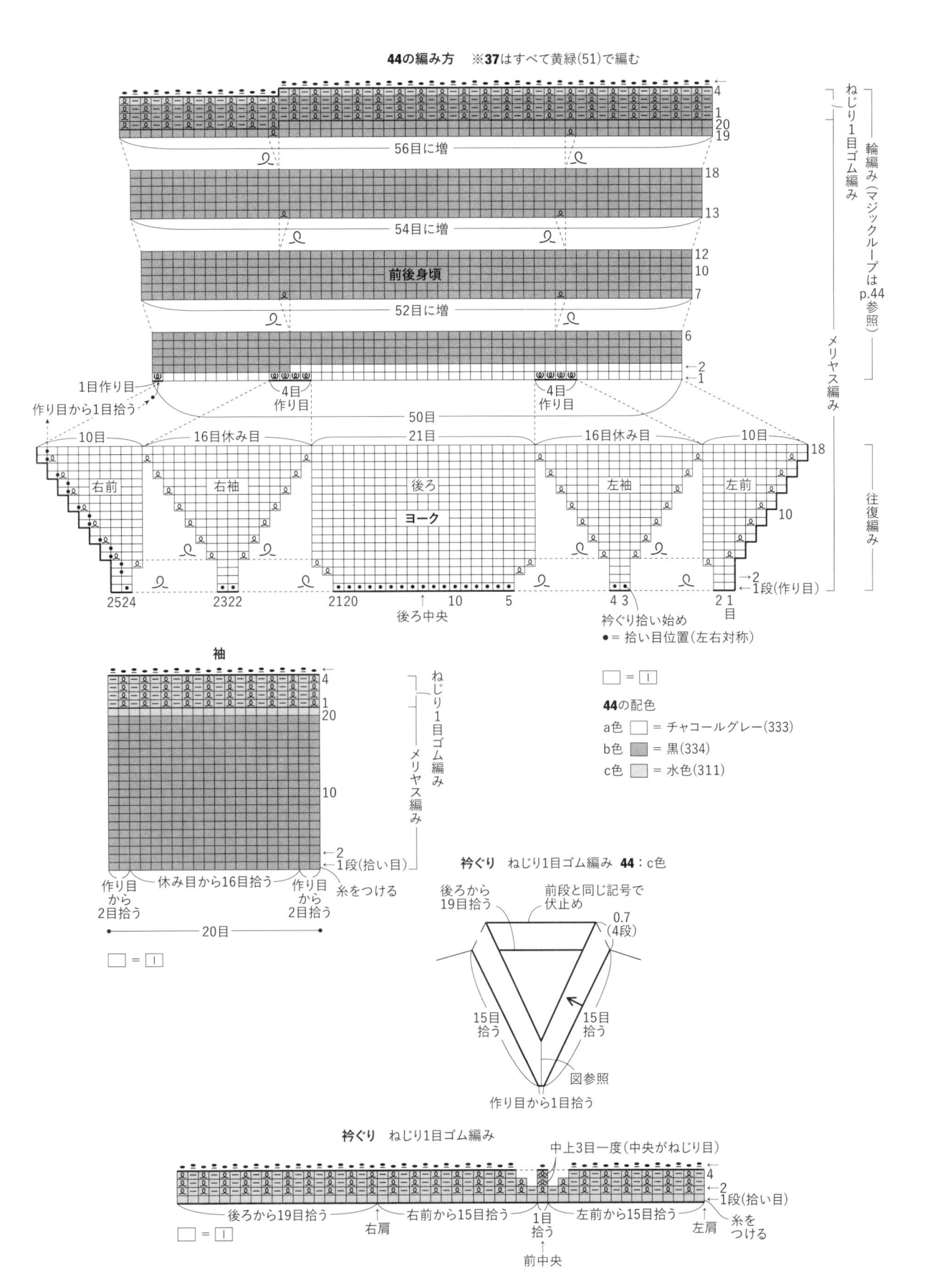

44の編み方　※**37**はすべて黄緑(51)で編む

56目に増

54目に増

前後身頃

52目に増

1目作り目

作り目から1目拾う

4目作り目

4目作り目

50目

10目　16目休み目　21目　16目休み目　10目

右前　右袖　後ろ
ヨーク
左袖　左前

2524　2322　2120　10　5　43　21目

後ろ中央

衿ぐり拾い始め

●= 拾い目位置(左右対称)

ねじり1目ゴム編み

輪編み（マジックループは p.44 参照）

メリヤス編み

往復編み

□ = I

44の配色

a色 □ = チャコールグレー(333)

b色 ▨ = 黒(334)

c色 ▨ = 水色(311)

袖

ねじり1目ゴム編み

メリヤス編み

作り目から2目拾う　休み目から16目拾う　作り目から2目拾う

糸をつける

1段(拾い目)

20目

□ = I

衿ぐり　ねじり1目ゴム編み　**44**：c色

後ろから19目拾う　前段と同じ記号で伏止め

0.7(4段)

15目拾う　15目拾う

図参照

作り目から1目拾う

衿ぐり　ねじり1目ゴム編み

中上3目一度(中央がねじり目)

1段(拾い目)

後ろから19目拾う　右前から15目拾う　左前から15目拾う

右肩　1目拾う　左前　糸をつける

前中央　左肩

□ = I

ボーダー切替えタートルセーター　39, 42 /p.16

/p.16

《糸》
39　パピー ニュー 2PLY　ディープブルー (223)、
　　オフホワイト (202)、ネイビー (224)、ライムグリーン (228)
42　パピー ニュー 2PLY　ボルドー (220)、オフホワイト (202)、
　　グレープ (256)、ローズピンク (237)
《用具》
1.5mm80cm輪針
《ゲージ》
メリヤス編み縞、メリヤス編み　5.5目7段が1cm四方
《サイズ》
身幅5.8cm、着丈5.7cm、ゆき丈9.9cm

《編み方》
糸は1本どりで、指定の配色で編みます。
糸端を20cm残して、指に糸をかける方法で作り目をして、衿を
2目ゴム編みで編みますが、往復に2段編み、次段から輪に編
みます。続けてヨークをメリヤス編み縞で増しながら編みます。
袖を休み目にし、次段で指に糸をかける方法と巻き目の作り目を
して前後身頃のメリヤス編みを編み、続けて裾のガーター編み
を編み、編終りは伏止めにします。袖はヨークの休み目を針に
移し、巻き目の作り目の中央から2目ずつ拾って、輪にメリヤス
編みとガーター編みで編みます。編終りは裾と同様にします。編
始めに残した糸端で、衿の2段をかがります。脇の始末をします。
お湯に浸して編み目を整え、中に化繊わたを詰めて乾かします。
※衿が伸びるので頭からも足からも着せることができます。
※ p.32 ～ 37の編み方プロセスも併せてごらんください。

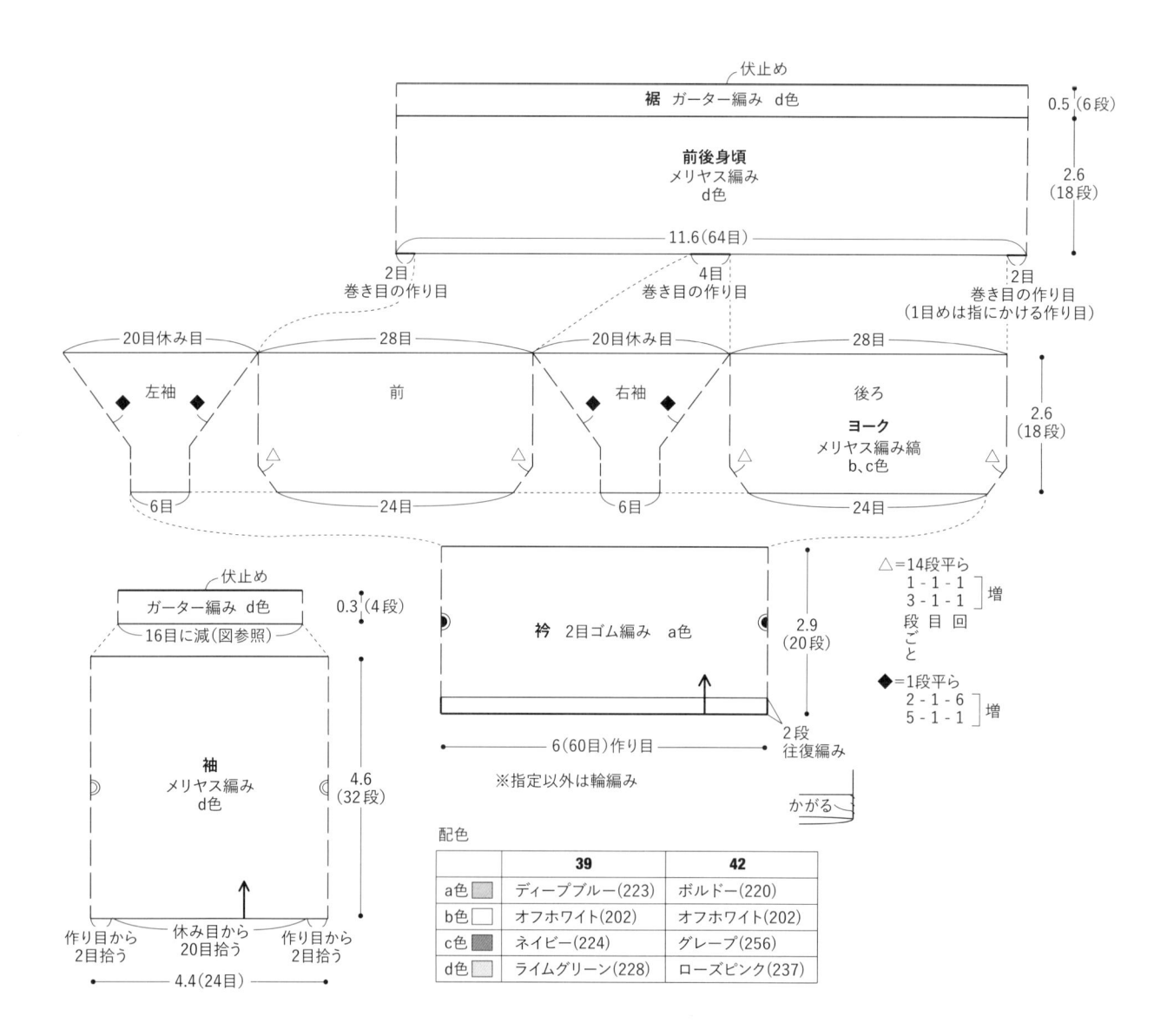

配色

	39	42
a色	ディープブルー (223)	ボルドー (220)
b色	オフホワイト (202)	オフホワイト (202)
c色	ネイビー (224)	グレープ (256)
d色	ライムグリーン (228)	ローズピンク (237)

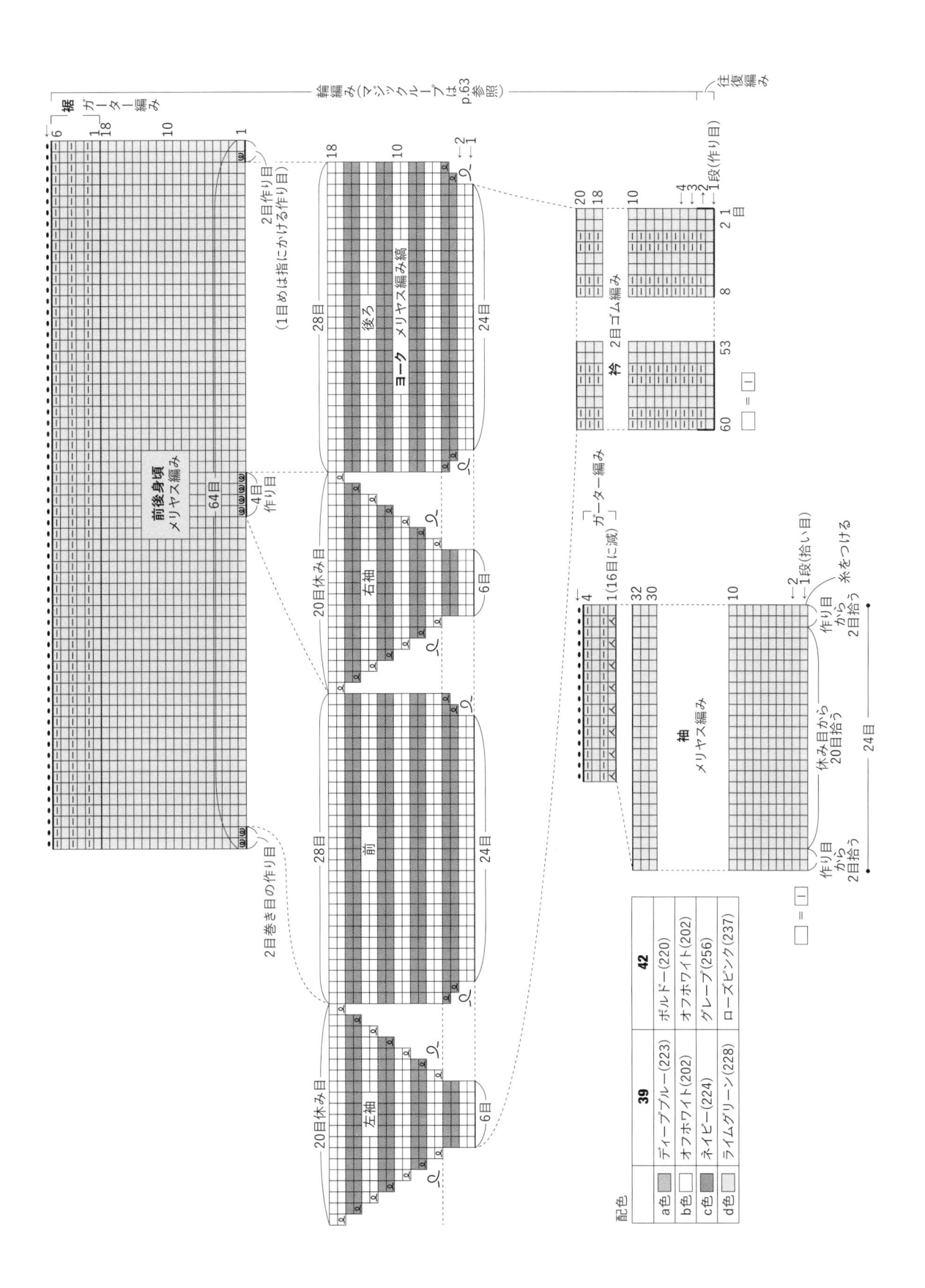

2way ノルディックカーディガン　47, 49, 50 /p.18　52 /p.19

《糸》

47 パピー ニュー 2PLY　モカ (213)、ボルドー (220)、
グレープ (256)、クリーム (234)、ライムグリーン (228)、
フォレストグリーン (257)、モスグリーン (251)

49 パピー ニュー 2PLY　スチールグレー (233)、オフホワイト (202)

50 パピー ニュー 2PLY　赤 (221)、オフホワイト (202)

52 パピー ニュー 2PLY　クリーム (234)、フォレストグリーン (257)、
エメラルド (259)、レモンイエロー (260)、ベージュ (212)、
グレープ (256)、ミントグリーン (261)、赤 (221)

《用具》

1.5mm80cm 輪針

《その他》

直径 0.3cm のボタン 5 個

《ゲージ》

メリヤス編みの編込み模様　6目7段が1cm四方

《サイズ》

身幅 6.6cm、着丈 6.9cm、ゆき丈 9cm

《編み方》

糸は 1 本どりで、指定の配色で編みます。

指に糸をかける方法で作り目をして、衿ぐりをねじり1目ゴム編みで編みます。続けてヨークをメリヤス編みの編込み模様 A を糸を横に渡す編込みで増しながら編みます。袖を休み目にし、次段で巻き目の作り目をして、前後身頃のメリヤス編みの編込み模様 B を編み、続けて裾のねじり1目ゴム編みを編みます。編終りは前段と同じ記号で伏止めにします。糸は切らずに右前立ての拾い目をしてねじり1目ゴム編みを編みます。左前立ては糸をつけて編み、ボタン穴をあけます。編終りは裾と同様にします。袖はヨークの休み目を針に移し、巻き目の作り目の中央から3目ずつ、間から1目ねじって拾います。輪にメリヤス編みの編込み模様 B とねじり1目ゴム編みで編み、編終りは裾と同様にします。前立てを突き合わせて縫い糸でかがり、お湯に浸して編み目を整え、化繊わたを詰めて乾かします。右前にボタンをつけます。

※編み図は前あきで解説していますが後ろを前に着用できます。

※ p.32 ～ 37の編み方プロセスも併せてごらんください。

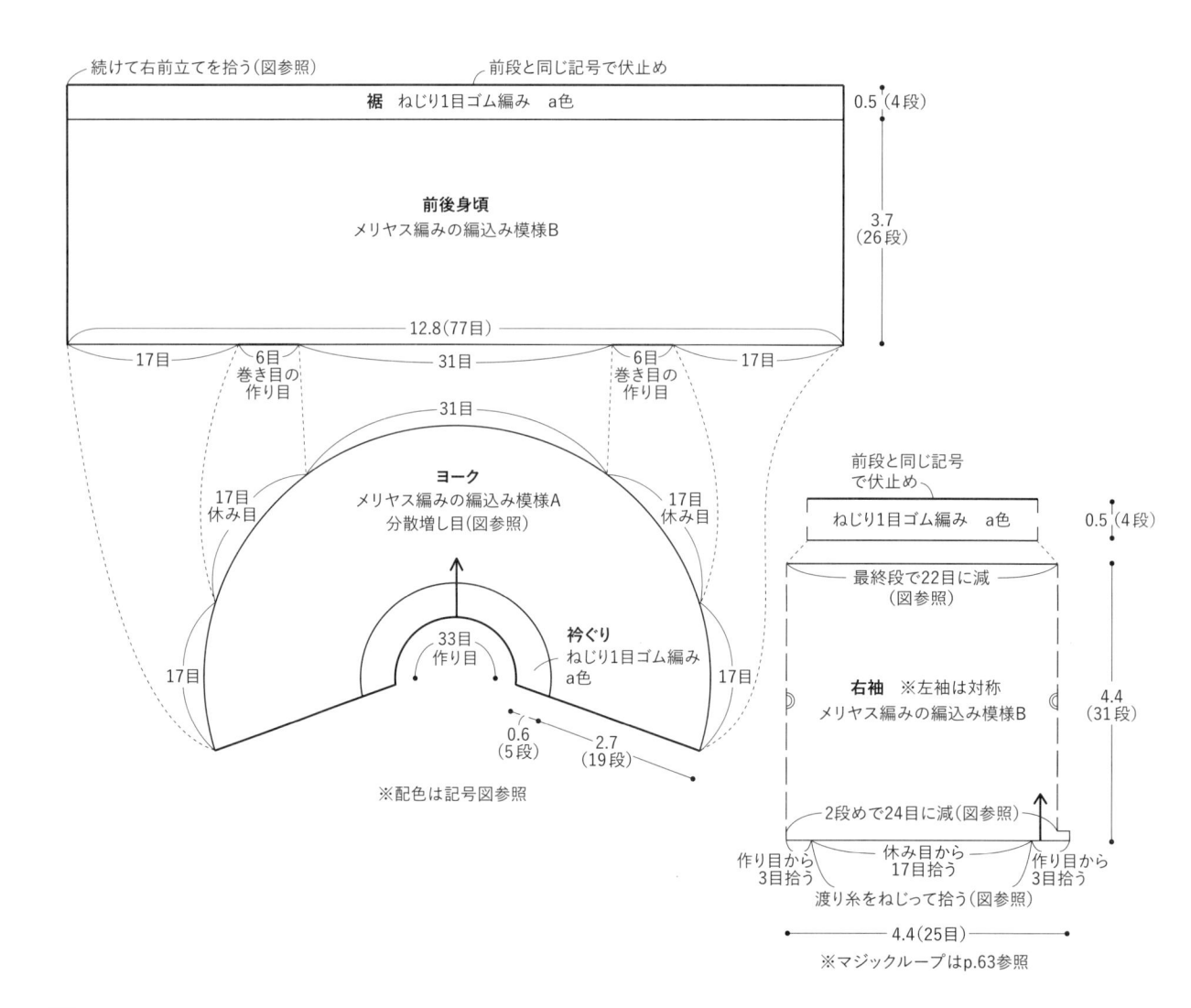

72

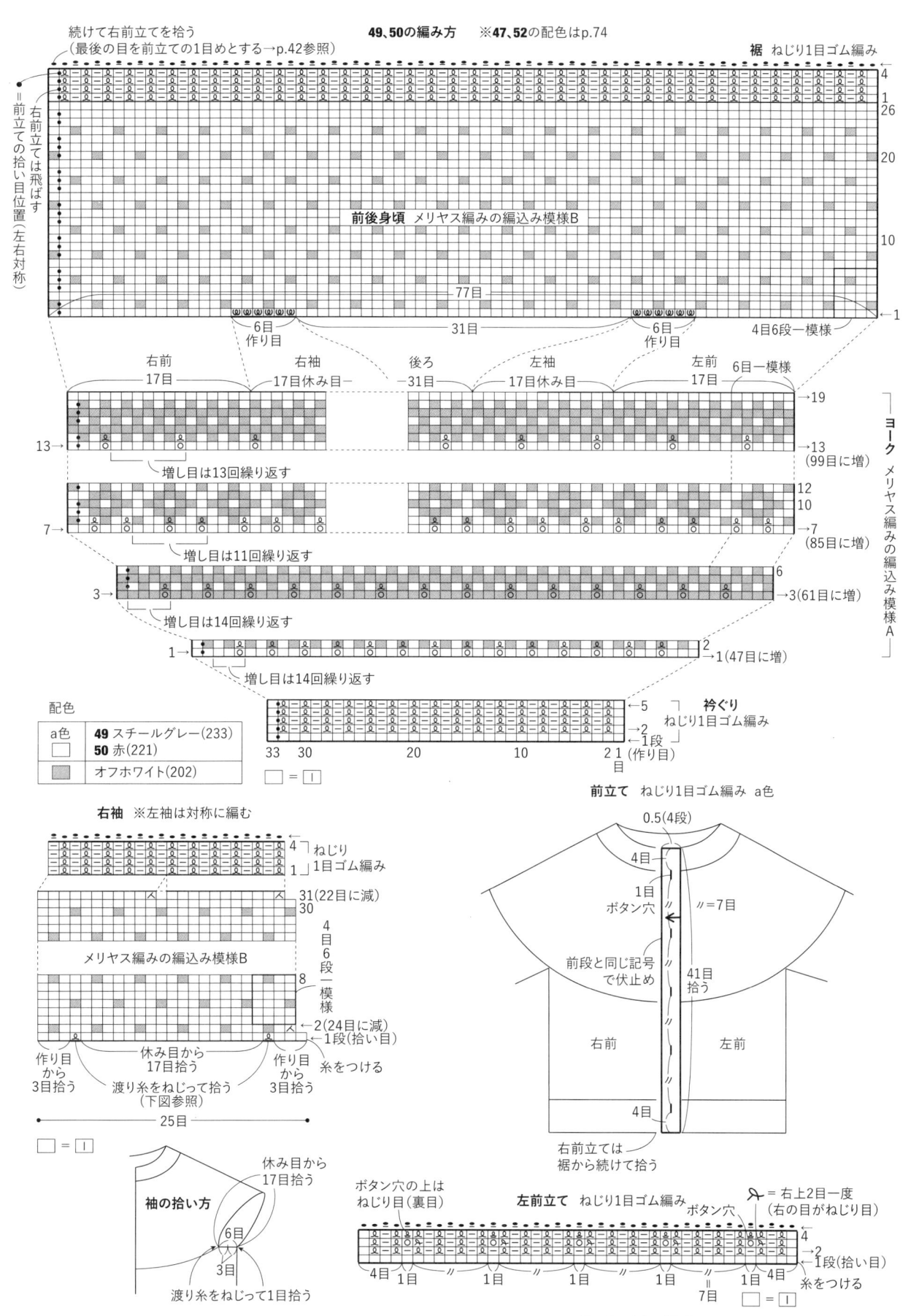

49、50の編み方 ※47、52の配色はp.74

続けて右前立てを拾う
（最後の目を前立ての1目めとする→p.42参照）

裾 ねじり1目ゴム編み

＝前立ての拾い目位置（左右対称）
＝右前立ては飛ばす

前後身頃 メリヤス編みの編込み模様B

77目
6目作り目
31目
6目作り目
4目6段一模様

右前 17目
右袖 17目休み目
後ろ 31目
左袖 17目休み目
左前 17目
6目一模様

ヨーク メリヤス編みの編込み模様A

→19
→13（99目に増）

増し目は13回繰り返す

12 10
→7（85目に増）

増し目は11回繰り返す

→6
→3（61目に増）

増し目は14回繰り返す

2
→1（47目に増）

増し目は14回繰り返す

配色

a色		
□	49 スチールグレー(233)	
	50 赤(221)	
▨	オフホワイト(202)	

□ = ｜

衿ぐり ねじり1目ゴム編み

←5
→2
→1段（作り目）

33 30 20 10 2 1目

前立て ねじり1目ゴム編み a色

0.5(4段)

4目
1目ボタン穴
前段と同じ記号で伏止め
〃＝7目
41目拾う
右前
左前
4目
右前立ては裾から続けて拾う

右袖 ※左袖は対称に編む

←4 ねじり
←1 1目ゴム編み

31(22目に減)
30

メリヤス編みの編込み模様B

4目6段一模様

8
←2(24目に減)
←1段(拾い目)

作り目から3目拾う
休み目から17目拾う
渡り糸をねじって拾う（下図参照）
作り目から3目拾う
糸をつける

25目

□ = ｜

袖の拾い方

休み目から17目拾う
6目
3目
渡り糸をねじって1目拾う

ボタン穴の上はねじり目(裏目)
ボタン穴

左前立て ねじり1目ゴム編み

⋏ ＝ 右上2目一度（右の目がねじり目）

←4
←2
←1段(拾い目)
糸をつける

4目 1目 〃 1目 〃 1目 〃 1目 〃 1目 4目
＝7目
□ = ｜

次ページへ続く

メリヤス編みの編込み模様A、Bの配色

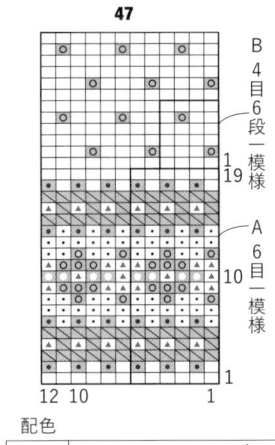

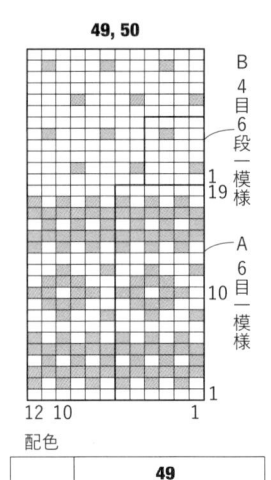

配色

	47
□	a色：モカ(213)
⊙	ボルドー(220)
◩	グレープ(256)
▲	クリーム(234)
·	ライムグリーン(228)
◎	フォレストグリーン(257)
◉	モスグリーン(251)

配色

	49
□	スチールグレー(233)
▨	オフホワイト(202)

配色

	50
□	赤(221)
▨	オフホワイト(202)

配色

	52
□	a色：クリーム(234)
⊙	フォレストグリーン(257)
◩	エメラルド(259)
▲	レモンイエロー(260)
·	ベージュ(212)
◎	グレープ(256)
×	ミントグリーン(261)
◉	赤(221)

編込みとんがり帽　19 /p.9, 18　46, 48 /p.18　51 /p.19

《糸》
19　パピー ニュー 2PLY　赤 (221)、オフホワイト (202)
　　パピー ブリティッシュファイン　オフホワイト (001)
46　パピー ニュー 2PLY　モカ (213)、ボルドー (220)、
　　グレープ (256)、クリーム (234)、ライムグリーン (228)、
　　フォレストグリーン (257)、モスグリーン (251)
　　パピー ブリティッシュファイン　グレーミックス (019)
48　パピー ニュー 2PLY　スチールグレー (233)、オフホワイト (202)
　　パピー ブリティッシュファイン　オフホワイト (001)
51　パピー ニュー 2PLY　クリーム (234)、レモンイエロー (260)、
　　ベージュ (212)、ミントグリーン (261)、フォレストグリーン (257)、
　　エメラルド (259)、グレープ (256)、赤 (221)
　　パピー ブリティッシュファイン　グレープ (053)

《用具》
1.5mm80cm輪針　No.2レース針

《ゲージ》
メリヤス編みの編込み模様　6目7段が1cm四方

《サイズ》
首回り8cm、丈5.6cm

《編み方》
ひもは2本どり、指定以外は1本どりで、指定の針の号数、配色で編みます。

本体は指に糸をかける方法で作り目をして、ねじり1目ゴム編みを編みます。続けてメリヤス編みの編込み模様を糸を横に渡す編込みで編みます。糸は切らずに、編終りの目を中表に二つ折りにして、引抜きはぎにします。首回りは、糸をつけて拾い目をし、ガーター編みを減らしながら編み、編終りは伏止めにします。ひもはスレッドコードで編み、とじつけます。お湯に浸して編み目を整え、中に化繊わたを詰めて乾かします (p.36参照)。ポンポンを作り、トップにつけます。

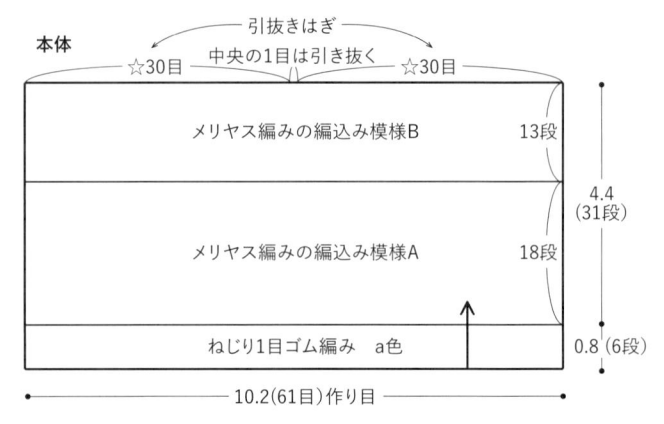

※ポンポン以外はパピー ニュー2PLY
※配色は記号図参照

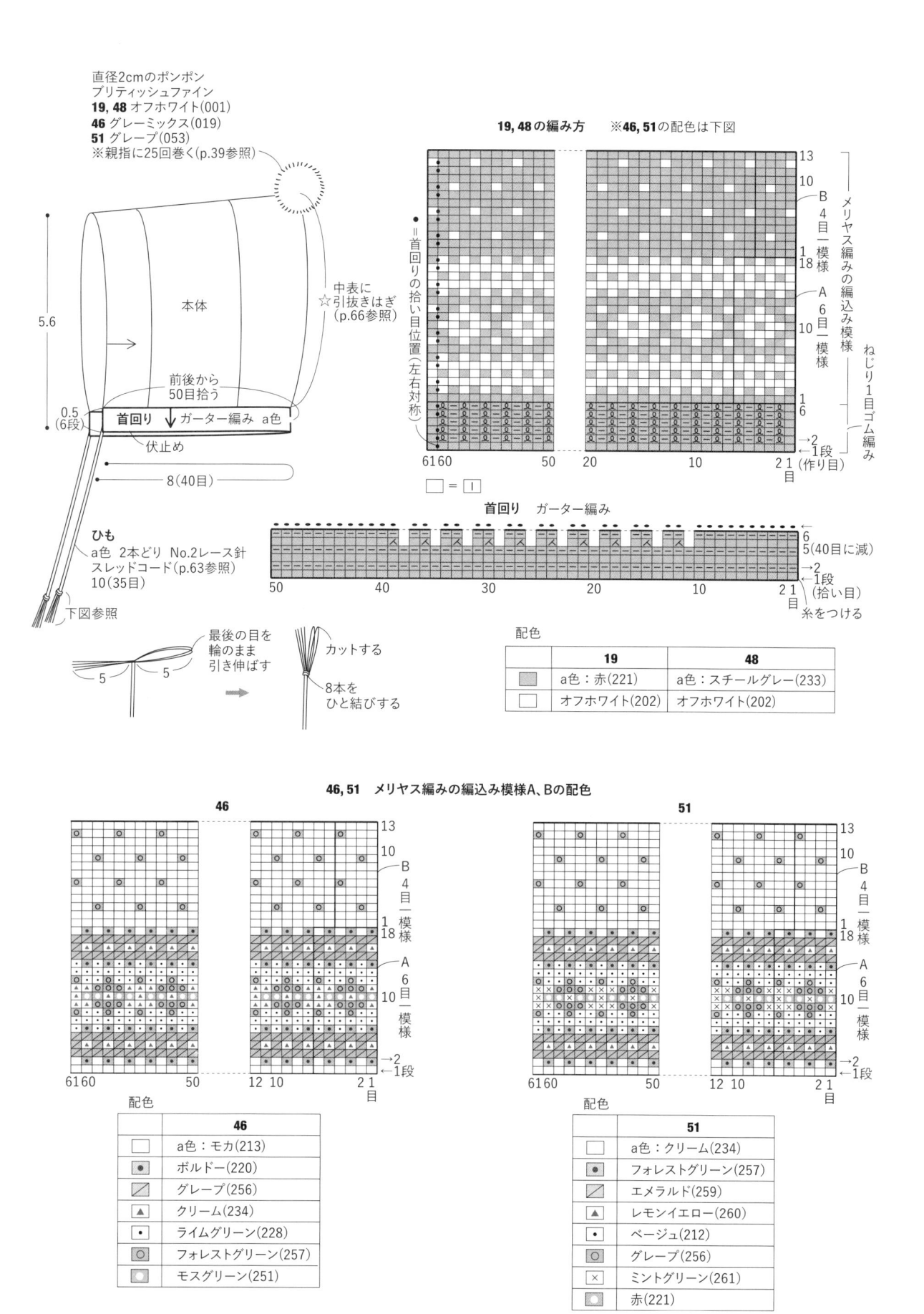

直径2cmのポンポン
ブリティッシュファイン
19, 48 オフホワイト(001)
46 グレーミックス(019)
51 グレープ(053)
※親指に25回巻く(p.39参照)

5.6

本体

中表に
☆引抜きはぎ
(p.66参照)

0.5
(6段)

前後から
50目拾う

首回り　↓　ガーター編み　a色

伏止め

8(40目)

ひも
a色　2本どり　No.2レース針
スレッドコード(p.63参照)
10(35目)

下図参照

最後の目を
輪のまま
引き伸ばす

5　5

カットする

8本を
ひと結びする

19, 48 の編み方　※**46, 51** の配色は下図

• = 首回りの拾い目位置(左右対称)

□ = Ⅰ

13
10
B
4
目
一
模
様
1
18
A
6
目
一
模
様
10
1
6
→2
1段
(作り目)

ねじり1目ゴム編み　メリヤス編みの編込み模様

6160　50　　20　　10　　2 1 目

首回り　ガーター編み

6
5(40目に減)
2
1段
(拾い目)
糸をつける

50　　40　　30　　20　　10　　2 1 目

配色

	19	**48**
(a色)	a色：赤(221)	a色：スチールグレー(233)
□	オフホワイト(202)	オフホワイト(202)

46, 51　メリヤス編みの編込み模様A、Bの配色

46

13
10
B
4目一模様
1
18
A
6目一模様
10
→2
1段

6160　50　　12 10　　2 1 目

配色

	46
□	a色：モカ(213)
◉	ボルドー(220)
╱	グレープ(256)
▲	クリーム(234)
·	ライムグリーン(228)
◎	フォレストグリーン(257)
▩	モスグリーン(251)

51

13
10
B
4目一模様
1
18
A
6目一模様
10
→2
1段

6160　50　　12 10　　2 1 目

配色

	51
□	a色：クリーム(234)
◉	フォレストグリーン(257)
╱	エメラルド(259)
▲	レモンイエロー(260)
·	ベージュ(212)
◎	グレープ(256)
×	ミントグリーン(261)
▩	赤(221)

リブキャップ　38 /p.16, 29　41 /p.16, 29

《糸》
パピー ニュー 2PLY
38 ディープブルー (223)　**41** ボルドー (220)
《用具》
1.5mm80cm輪針
《その他》
0.6cm幅の革1.5cm、縫い糸
《ゲージ》
2目ゴム編み　7目7.8段が1cm四方
《サイズ》
頭回り9cm、深さ5cm

《編み方》
糸は1本どりで編みます。
糸端を20cmほど残して、指に糸をかける方法で作り目をして、往復に4段編み、続けて輪に2目ゴム編みを編み、指定の目数に減らします。続けて、変りゴム編みと1目ゴム編みを指定の目数に減らしながら編みます。編終りの目に糸を通して絞ります。編始めに残した糸端で、往復編みの4段をかがります。お湯に浸して編み目を整え、中に化繊わたを詰めて乾かします（p.36参照）。革を縫い糸で縫いとめます。

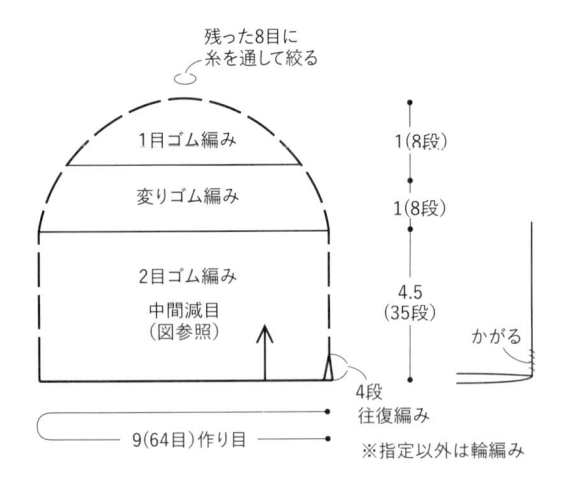

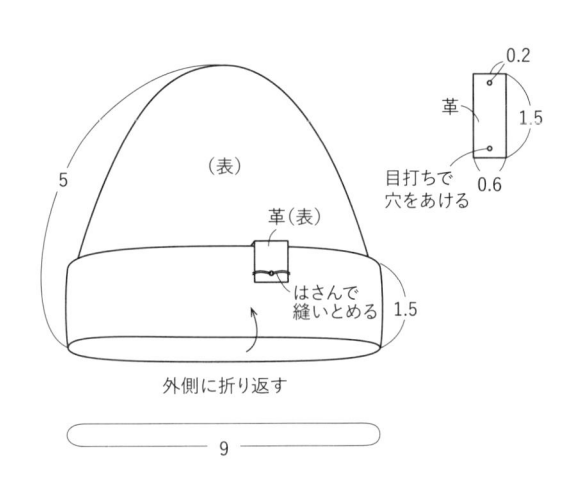

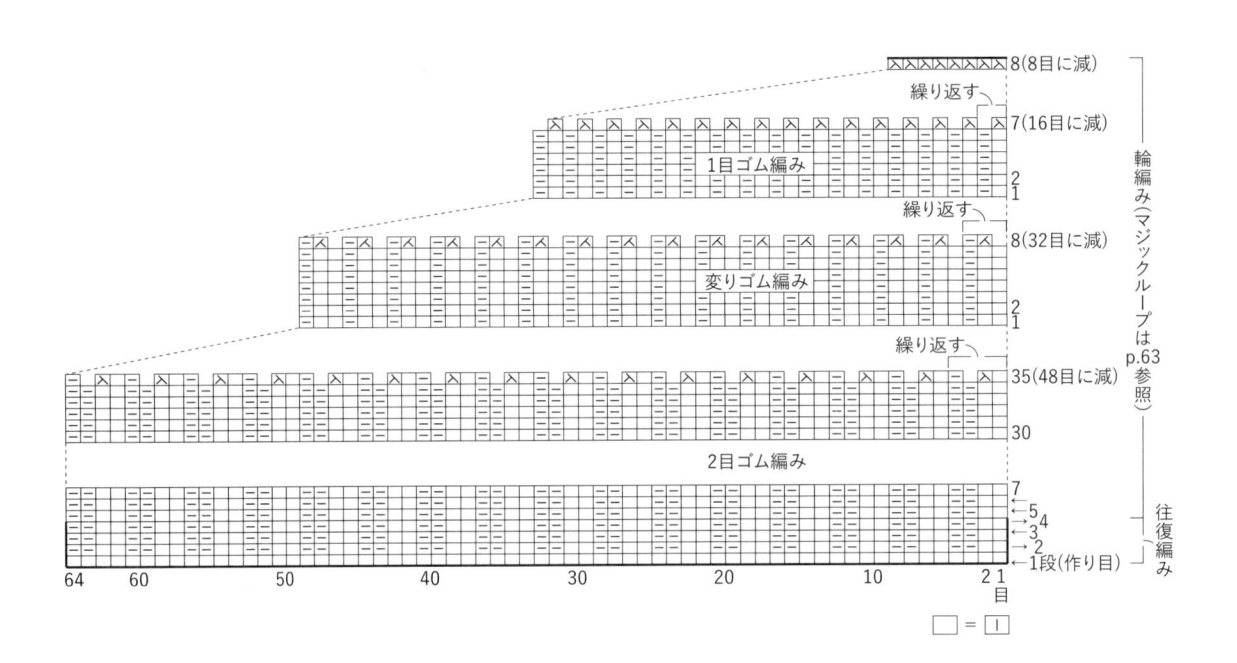

モチーフつなぎのバケットハット　68 /p.23, 26　74 /p.25

《糸》
オリムパス 刺し子糸〈細〉
68 生成り（202）　**74** 白（201）

《用具》
No.8レース針

《ゲージ》
細編み　7目5段が1cm四方

《サイズ》
頭回り11cm、深さ1.8cm

《編み方》
糸は1本どりで編みます。

サイドのモチーフは、輪の作り目をして編み始めます。3段めは
前段の鎖を束に拾って編みます。編終りの糸端を15cmほど残
しておきます。6枚編み、残した糸端でモチーフどうしを半目の
巻きかがりでつなぎます。トップは、輪の作り目をして細編みで
増しながら編みます。糸を切らずにサイドのモチーフを手前に外
表に合わせ、外側の半目を拾って細編みの筋編みではぎ合わせ
ます。ブリムはモチーフの半目外側から拾い目をし、細編みで
輪に増しながら編みます。最後は引抜き編みを3目編みます。

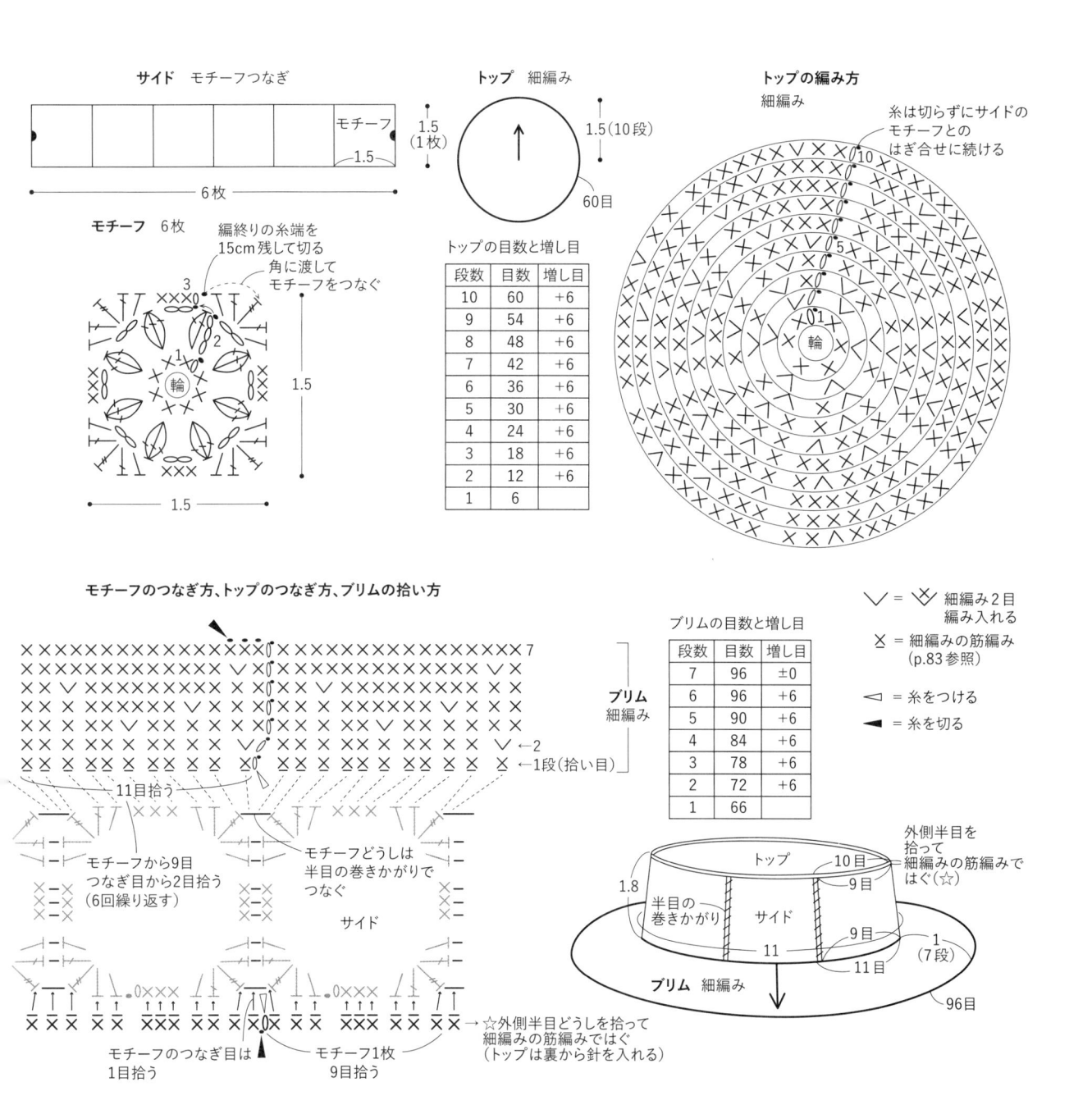

トップの目数と増し目

段数	目数	増し目
10	60	+6
9	54	+6
8	48	+6
7	42	+6
6	36	+6
5	30	+6
4	24	+6
3	18	+6
2	12	+6
1	6	

ブリムの目数と増し目

段数	目数	増し目
7	96	±0
6	96	+6
5	90	+6
4	84	+6
3	78	+6
2	72	+6
1	66	

2wayモヘアローゲージボレロ　53 /p.20
2wayローゲージボレロ　56 /p.20　76 /p.27

《糸》
53　パピー キッドモヘアファイン　水色 (25)
56　パピー ニュー 2PLY　エメラルド (259)、ミントグリーン (261)
76　オリムパス 刺し子糸〈細〉　生成り (202)、マスタード (205)
《用具》
2.75mm80cm輪針　No.0レース針
《その他》
スプリングホック3個 (かぎ側のみ)
《ゲージ》
メリヤス編み
53, 56　3.1目4段が1cm四方
76　3.6目4.5段が1cm四方
《サイズ》
53, 56　身幅8.3cm、着丈6cm、ゆき丈2.9cm
76　身幅7.3cm、着丈4.9cm、ゆき丈2.7cm

《編み方》
53は1本どり、**56, 76**は2色各1本を引きそろえて、指定の針の号数で編みます。

指に糸をかける方法で作り目をして、衿ぐりのガーター編みを往復に編みます。続けてヨークをメリヤス編みで増しながら編みます。袖を休み目にし、次段で巻き目の作り目をして前後身頃を増減なく編みます。続けてガーター編みを編み、編終りは伏止めにします。糸は切らずにレース針で縁編みを編みます。袖はヨークの休み目を針に移し、巻き目の作り目の中央から2目ずつ、間から1目ねじって拾い、輪に編みます。編終りは身頃と同様にします。お湯に浸して編み目を整え、化繊わたを詰めて、まち針でとめて乾かします。左前にスプリングホックをつけます。

※編み図は前あきで解説していますが後ろを前に着用できます。
※ p.32 ～ 37の編み方プロセスも併せてごらんください。

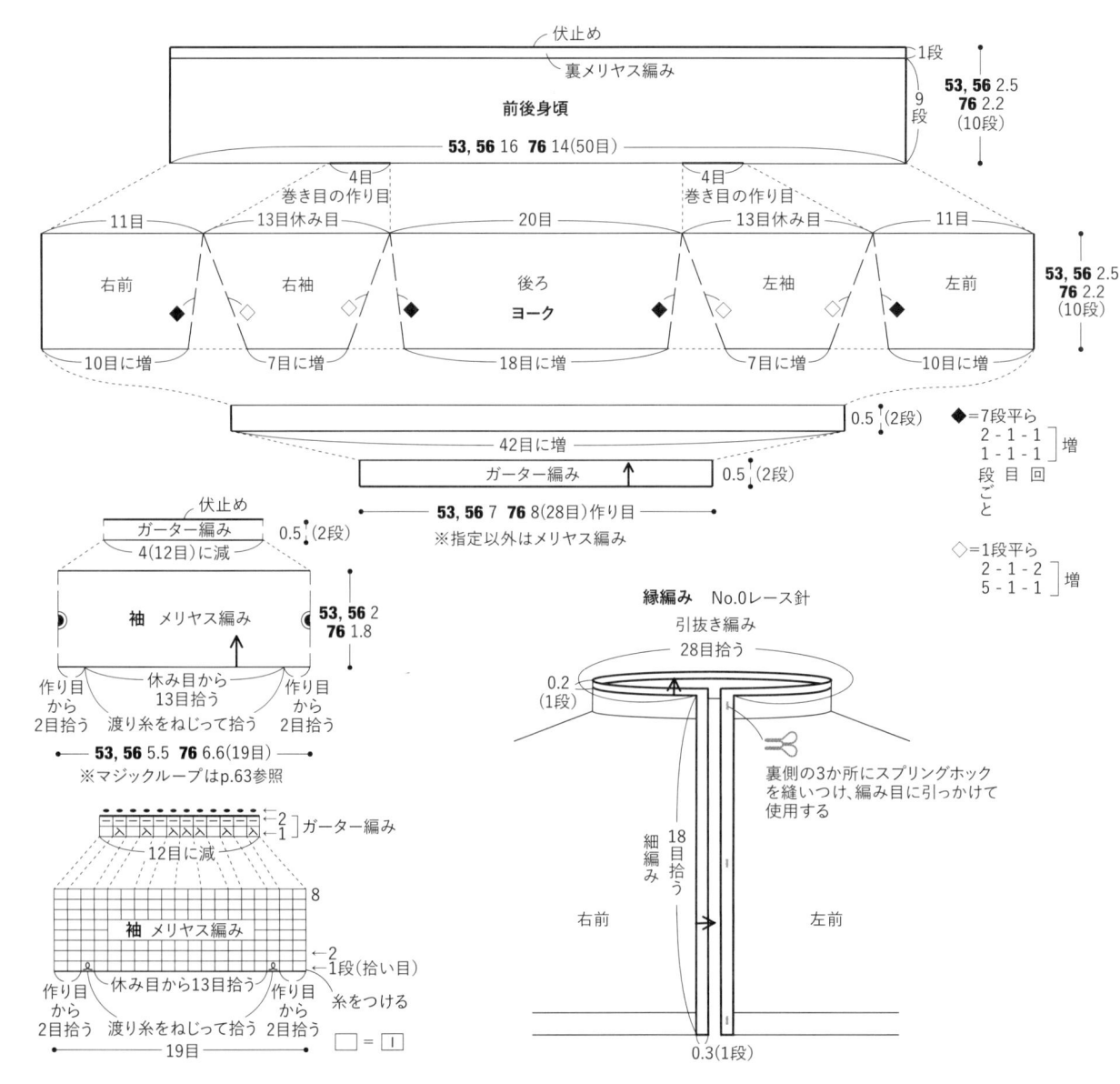

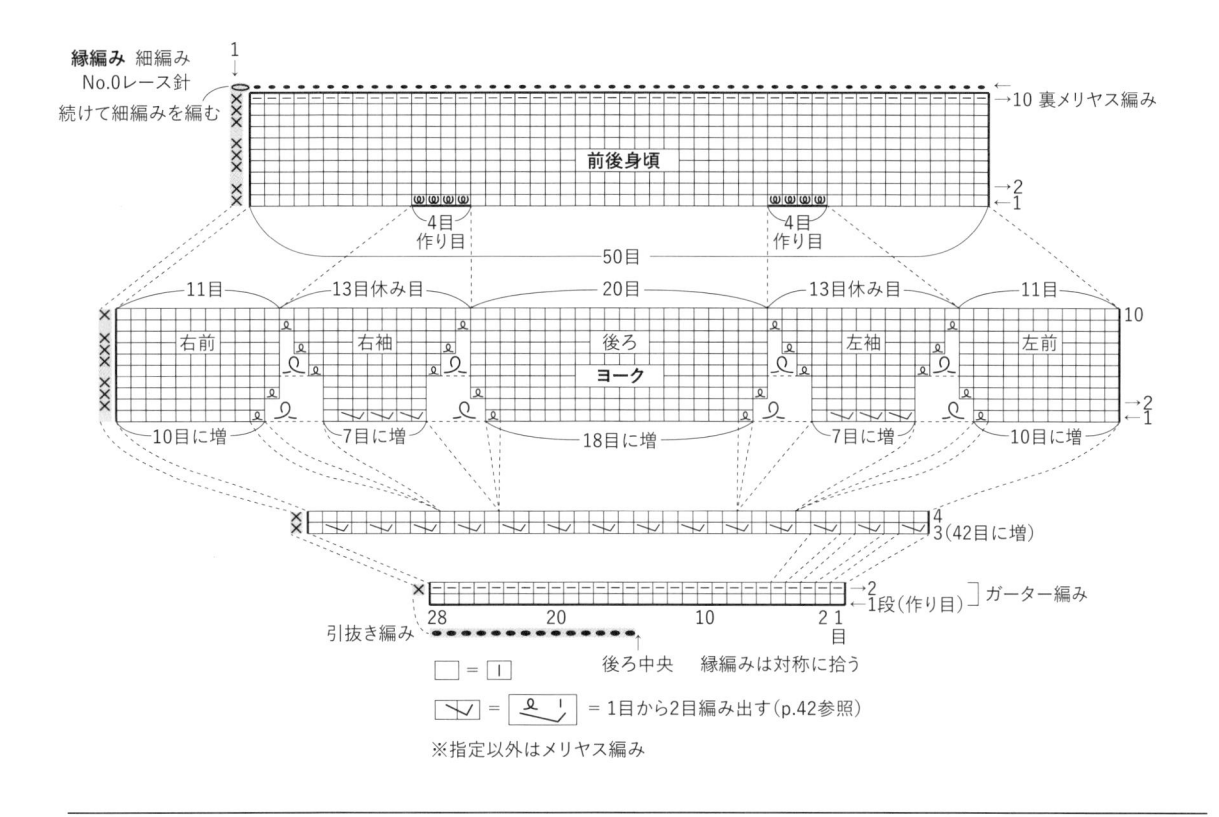

縁編み 細編み
No.0レース針
続けて細編みを編む

前後身頃

→10 裏メリヤス編み

→2
→1

4目
作り目

4目
作り目

50目

11目　　13目休み目　　20目　　13目休み目　　11目

右前　　右袖　　後ろ　　左袖　　左前
ヨーク

10目に増　　7目に増　　18目に増　　7目に増　　10目に増

10

→2
←1

4
3（42目に増）

→2
1段（作り目）　ガーター編み
←1

28　　20　　10　　2 1
目

引抜き編み

後ろ中央　　縁編みは対称に拾う

□ = |

= | = 1目から2目編み出す（p.42参照）

※指定以外はメリヤス編み

ボーダービッグプルオーバー　**72** /p.24

《糸》
オリムパス 刺し子糸 細　生成り（202）、空色（209）

《用具》
1.5mm80cm輪針　No.8レース針

《その他》
直径0.3cmのボタン3個

《ゲージ》
メリヤス編み縞、メリヤス編み　6目8.5段が1cm四方

《サイズ》
身幅8.3cm、着丈5.8cm、ゆき丈4.5cm

《編み方》
糸は1本どりで、指定の針の号数、配色で編みます。
指に糸をかける方法で作り目をして、裾のねじりを1目ゴム編みを編みます。続けてメリヤス編み縞とメリヤス編みで編み、肩は編み残す引返し編み（p.40参照）にします。さらに続けてガーター編みを編み、編終りは伏止めにします。同じものを2枚編みます。右肩は突き合わせて衿あき止りまで、左肩は2目巻きかがりをします。袖口は、前後から拾い目をして、ガーター編みを往復に編みます。脇、袖下をすくいとじします。前の左肩にボタンループを編みつけます。お湯に浸して編み目を整え（p.36参照）、平置きで乾かします。後ろの左肩にボタンをつけます。

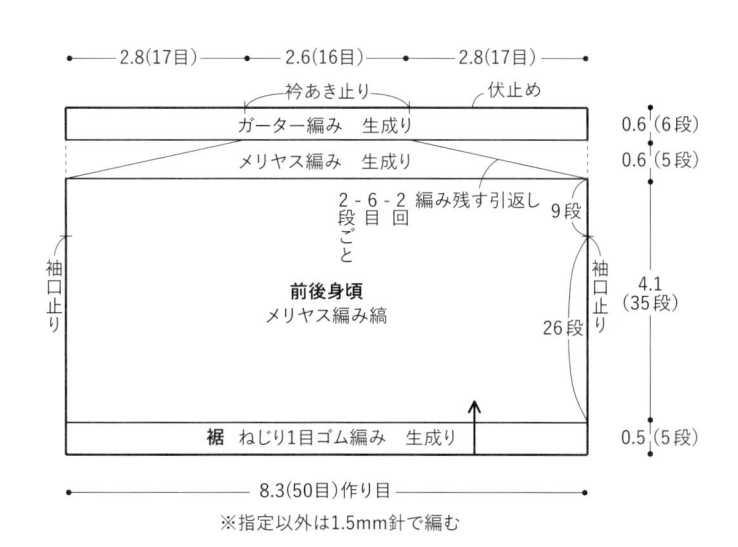

2.8（17目）　2.6（16目）　2.8（17目）

衿あき止り　　伏止め

ガーター編み　生成り　　0.6（6段）

メリヤス編み　生成り　　0.6（5段）

2-6-2 編み残す引返し
段 目 回
ご　　と　　　9段

前後身頃
メリヤス編み縞　　　4.1
（35段）

26段

袖口止り　　　　　　袖口止り

裾　ねじり1目ゴム編み　生成り　　0.5（5段）

8.3（50目）作り目

※指定以外は1.5mm針で編む

次ページへ続く

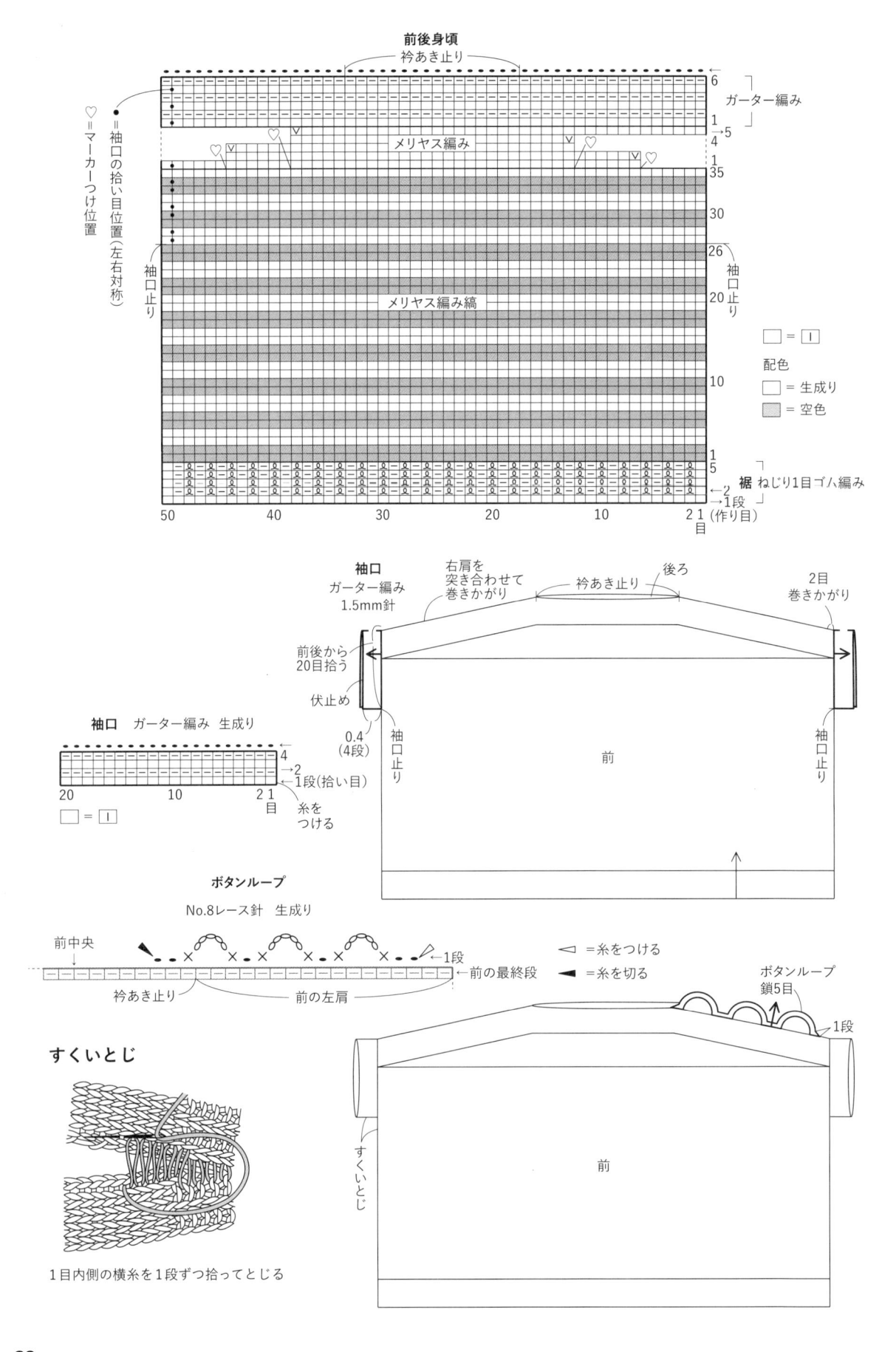

前後身頃

衿あき止り

ガーター編み

メリヤス編み

メリヤス編み縞

裾 ねじり1目ゴム編み

●=マーカーつけ位置

●=袖口の拾い目位置（左右対称）

袖口止り

□ = I

配色

□ = 生成り

▨ = 空色

袖口 ガーター編み 1.5mm針

右肩を突き合わせて巻きかがり

衿あき止り

後ろ

2目巻きかがり

前後から20目拾う

伏止め

0.4（4段）

袖口止り

前

袖口止り

袖口 ガーター編み 生成り

糸をつける

□ = I

ボタンループ

No.8レース針 生成り

前中央

衿あき止り

前の左肩

前の最終段

1段

▷=糸をつける

◀=糸を切る

ボタンループ 鎖5目

1段

前

すくいとじ

すくいとじ

前

1目内側の横糸を1段ずつ拾ってとじる

モヘアコクーンボレロ　59 /p.21　69 /p.23
コクーンボレロ　67 /p.23

《糸》
59 パピー キッドモヘアファイン　オフホワイト (2)
67 パピー ニュー 2PLY　ラベンダー (241)
69 パピー キッドモヘアファイン　薄い黄緑 (29)

《用具》
59, 69 2mm、2.75mm80cm輪針
67 2.5mm、3mm80cm輪針

《ゲージ》
59, 69 模様編み　3.5目6.8段が1cm四方
67 模様編み　3.7目6.5段が1cm四方

《サイズ》
丈　**59, 69** 10cm　**67** 9.1cm

《編み方》
糸は1本どりで、指定の針の号数で編みます。
糸端を20cm残して、針2本を重ねて指に糸をかける方法で作り目をして編み始めます。模様編みを増減なく編みます。編終りは針を替えて伏止めにします。糸は切らずに編み地の裏を表に使用し、続けて縁編みを輪に編みますが、1段めは端の半目を拾います。縁編み終りは針を替えて伏止めにします。糸端を20cm残して切り、袖口の8目を突き合わせてかがります。反対側は編始めに残した糸端で同様にかがります。

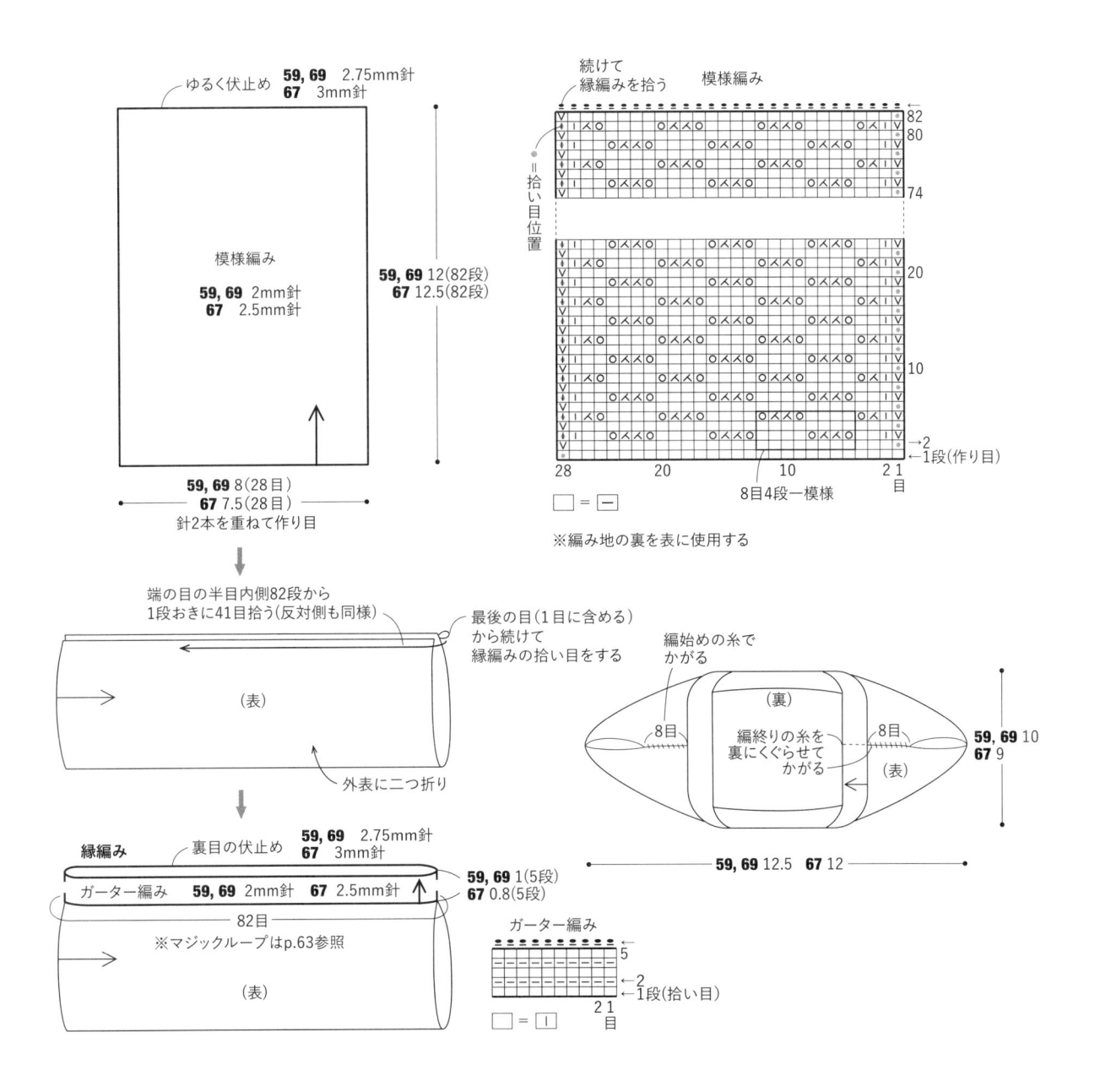

ギンガムチェックスカート　**57** /p.21　**65** /p.22

《糸》
57 パピー ニュー 3PLY　グレープ (344)
　　パピー キッドモヘアファイン　ラベンダー (61)、
　　パープル (57)、オフホワイト (2)
65 パピー ニュー 3PLY　ピスタチオ (369)
　　パピー キッドモヘアファイン　薄い黄緑 (29)、
　　グリーン (39)、オフホワイト (2)

《用具》
1.75mm、2mm80cm輪針

《ゲージ》
メリヤス編みの編込み模様
1.75mm針：4.8目4.8段が1cm四方
2mm針：4目4段が1cm四方

《サイズ》
胴回り7cm、裾回り12cm、丈7.3cm

《編み方》
糸は1本どりで、指定の針の号数、配色で編みます。
指に糸をかける方法で作り目をして輪にし、ウエストから編み始めます。ねじり1目ゴム編みを編み、続けてメリヤス編みの編込み模様を糸を横に渡す編込みで編みます。地糸を上、配色糸を下に渡して増減なく編みます。さらに続けてガーター編みを3段編みます。編終りは伏止めにします。お湯に浸して編み目を整え、中に化繊わたを詰めて乾かします (**p.36**参照)。

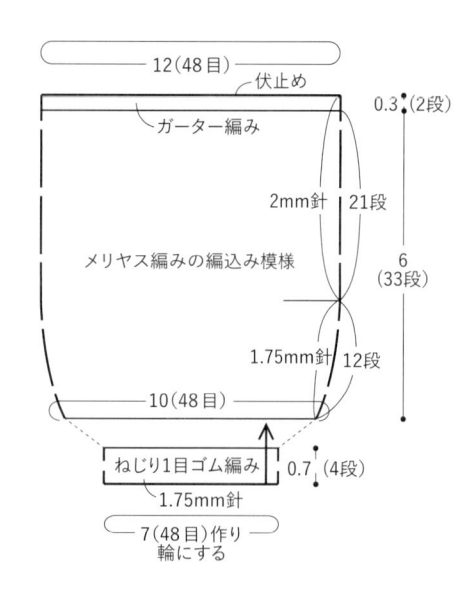

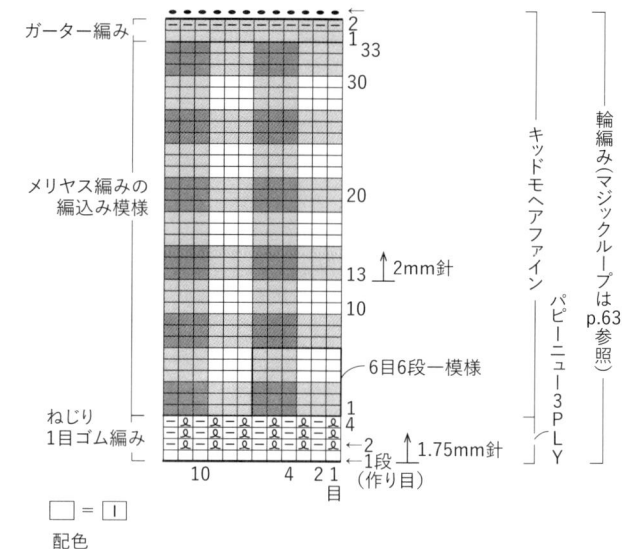

配色

	57	65
ねじり1目ゴム編み	グレープ (344)	ピスタチオ (369)
	ラベンダー (61)	薄い黄緑 (29)
	パープル (57)	グリーン (39)
	オフホワイト (2)	オフホワイト (2)

細編みクローシュ　**55** /p.20, 26　**71** /p.24

《糸》
DARUMA レース糸 #40 紫野
55 生成り (2)　**71** うす茶 (17)

《用具》
No.8レース針

《ゲージ》
細編みの筋編み　5.7目5段が1cm四方

《サイズ》
頭回り11cm、深さ3.8cm

《編み方》
糸は1本どりで編みます。
輪の作り目をして、トップから編み始めます。2段め以降、前段の細編みの向う半目を拾って細編みの筋編みを図のように増しながら編みます。サイドは増減なく編み、ブリムは増しながら編み、引抜き編みを3目編みます。

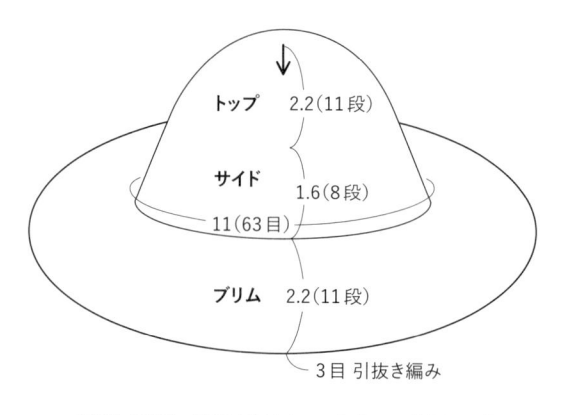

※2段め以降、指定以外はすべて細編みの筋編みで編む

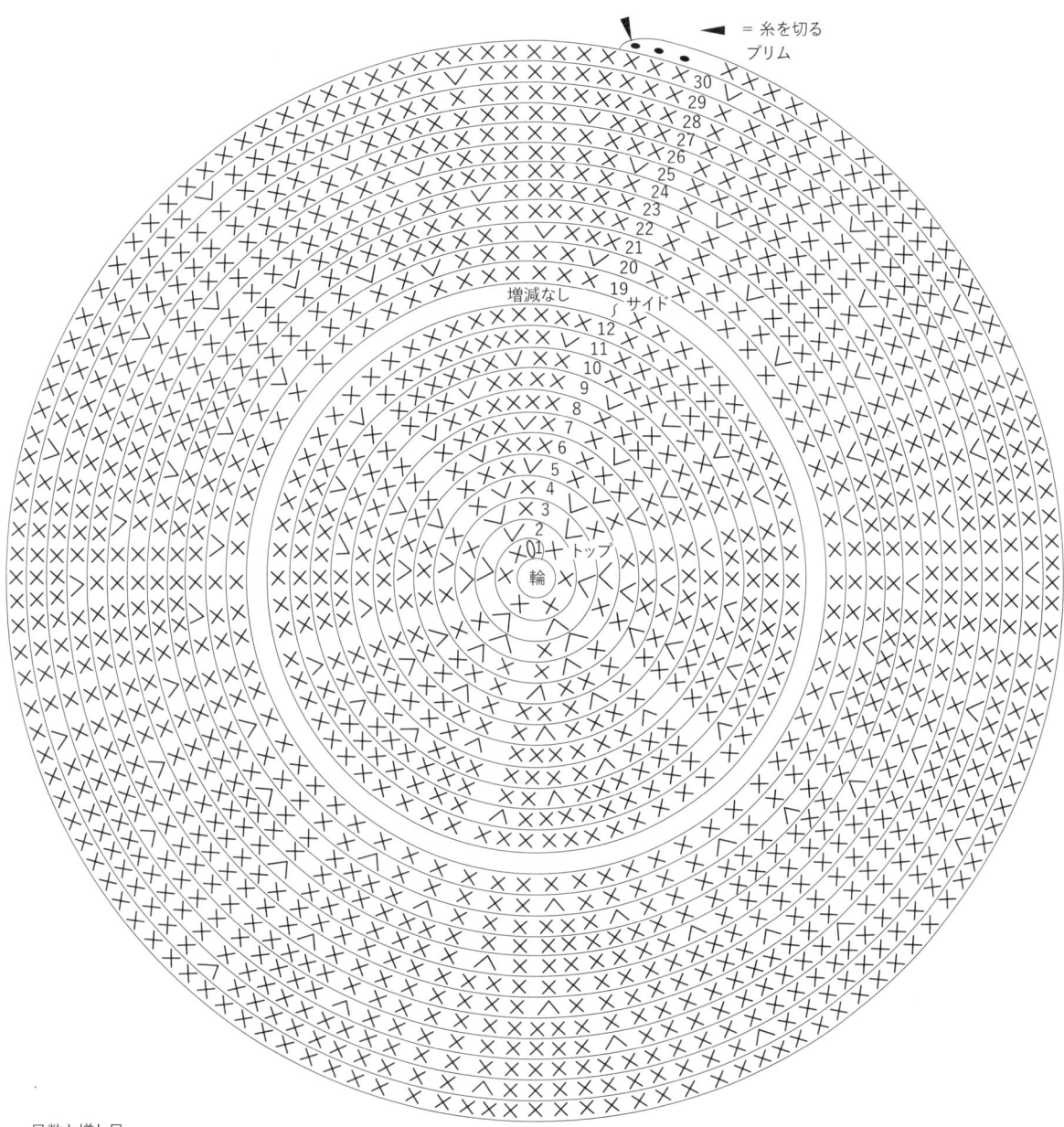

= 糸を切る
ブリム

増減なし
サイド

トップ

輪

目数と増し目

	編み地	段数	目数	増し目
トップ		11	66	+6
		10	60	+6
		9	54	+6
		8	48	+6
	細編みの筋編み	7	42	+6
		6	36	+6
		5	30	+6
		4	24	+6
		3	18	+6
		2	12	+6
	細編み	1	6	

	編み地	段数	目数	増し目
ブリム	引抜き編み		3	
		30	132	±0
		29		+11
		28	121	±0
		27		+11
		26	110	±0
		25		+11
		24	99	±0
	細編みの筋編み	23		+11
		22	88	±0
		21		+11
		20	77	+11
サイド		19〜12	66	±0

$\times$ = $\underset{}{\times}$ 2段め以降、すべて
細編みの筋編み

$\vee$ = $\underset{}{\vee}$ 細編みの筋編みを
2目編み入れる

$\underset{}{\times}$ 細編みの筋編み

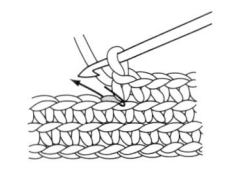

前段の頭の向う側の半目
を拾って細編みを編む

2way透し編みボレロ　73, 75 /p.25

《糸》
オリムパス 刺し子糸〈細〉
73 黄緑 (206)
75 水色 (208)

《用具》
1.5mm80cm輪針　No.8レース針

《ゲージ》
模様編み　5.5目8段が1cm四方

《サイズ》
身幅5.7cm、着丈4.9cm、ゆき丈4.7cm

《編み方》
糸は1本どりで、指定の針の号数で編みます。
指に糸をかける方法で作り目をして、衿ぐりをガーター編みで編みます。続けてヨークの1段目で79目に増し、模様編みで増しながら編みます。両端のガーター編みは続けて編みます。袖を休み目にし、次段で巻き目の作り目をし、前後身頃を編みます。続けて裾のガーター編みを編み、編終りは伏止めにします。袖はヨークの休み目を針に移し、巻き目の作り目から1目拾って、両側の渡り糸をねじって拾い、ガーター編みで減らしながら輪に編み、編終りは伏止めにします。ひもをスレッドコードで作り、前に縫いつけます。

※編み図は前あきで解説していますが後ろを前に着用できます。
※ p.32 〜 37の編み方プロセスも併せてごらんください。

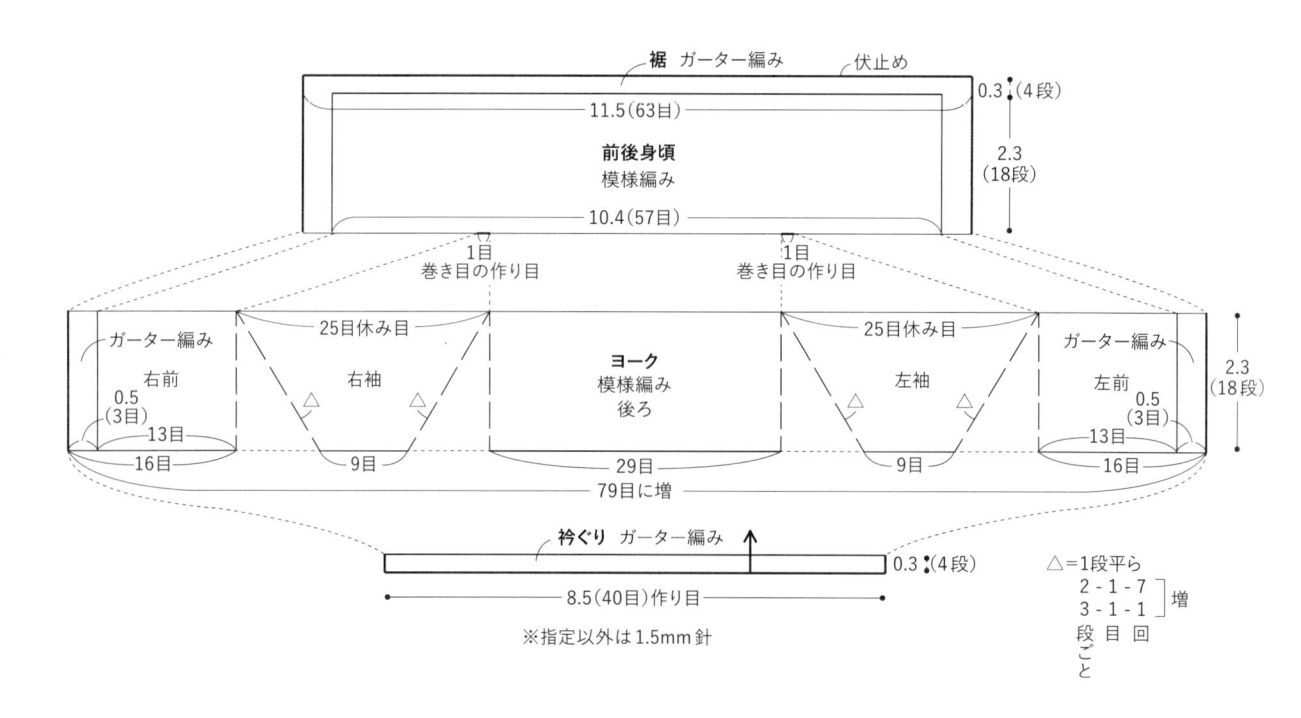

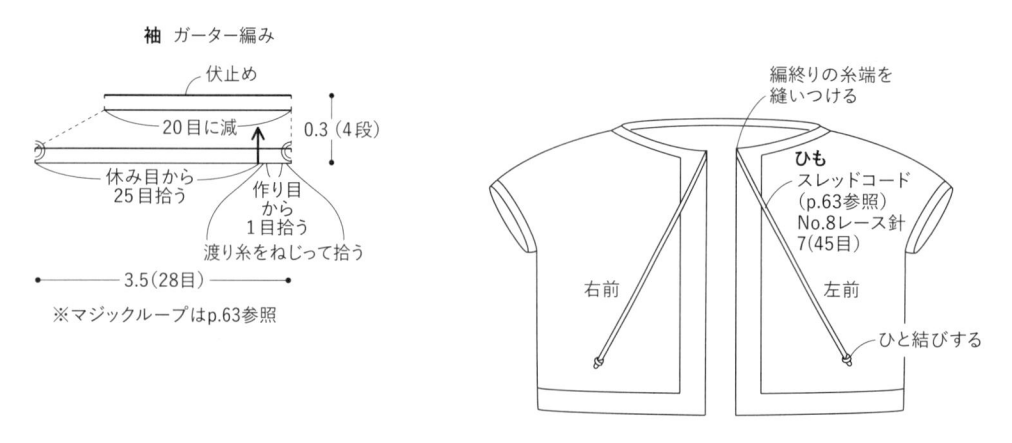

袖 ガーター編み
伏止め
20目に減　0.3 (4段)
休み目から25目拾う
作り目から1目拾う
渡り糸をねじって拾う
3.5(28目)
※マジックループはp.63参照

編終りの糸端を縫いつける
ひも
スレッドコード
(p.63参照)
No.8レース針
7(45目)
右前　左前
ひと結びする

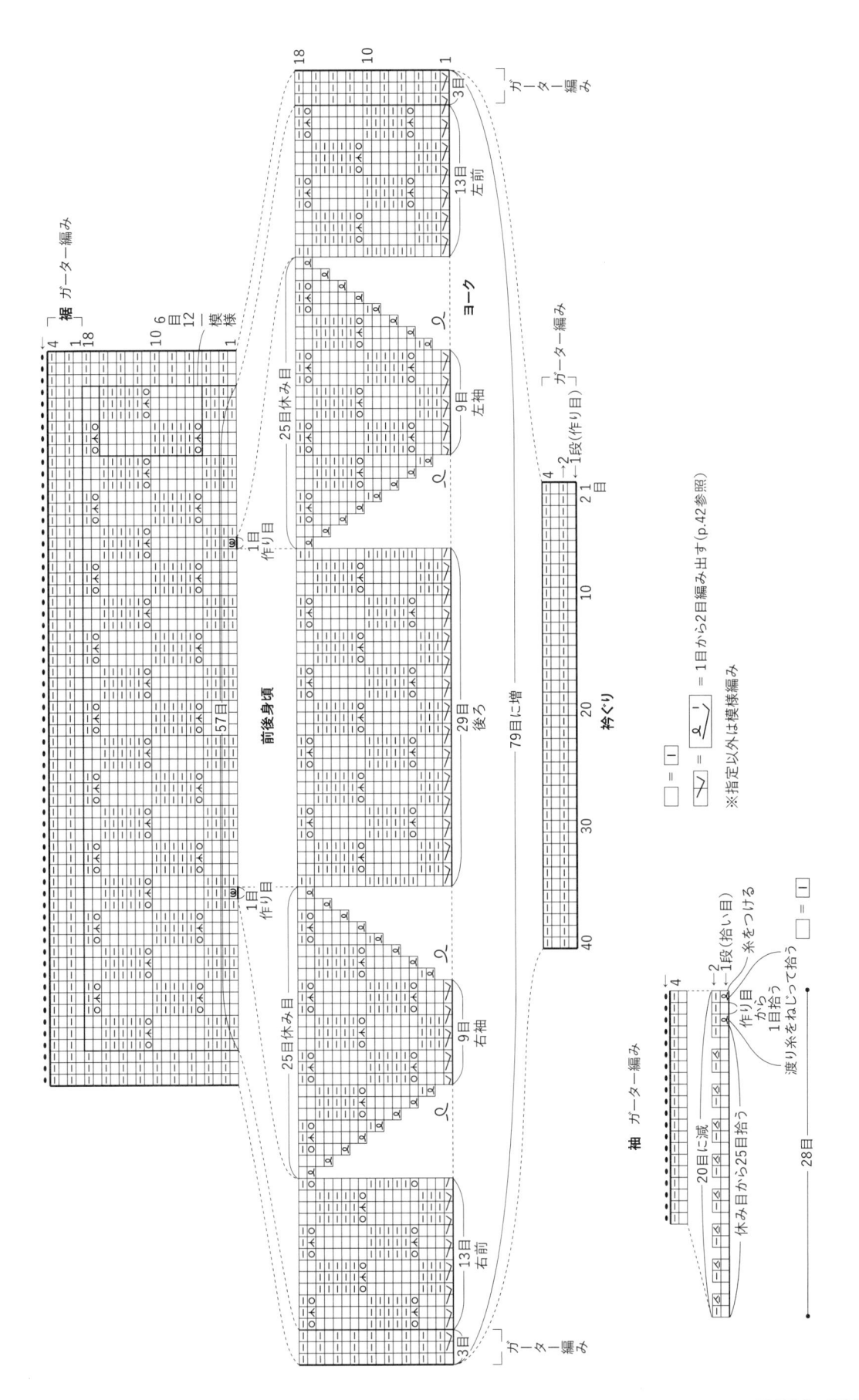

マルシェバッグ　54 /p.20, 24, 27　77, 78 /p.27

《糸》

54　DARUMA レース糸 #40 紫野　うす茶 (17)、生成り (2)

77　DARUMA レース糸 #40 紫野　グリーン (10)、アイボリー (3)

78　オリムパス　刺し子糸〈細〉　生成り (202)、赤 (212)

《用具》

No.8 レース針

《ゲージ》

1.5模様、2.5段が1cm四方

《サイズ》

幅5.6cm、深さ5cm

《編み方》

糸は1本どりで、指定の配色で編みます。

底から輪の作り目をして編み始めます。2段めは前段の鎖編みを束に拾います。3段め以降、角は2段めと同様に、それ以外は目と目の間を束に拾います。続けて側面を編みますが、図のように1模様飛ばして拾います。10段編んだら糸を切ります。糸をつけて、細編みを1周編みます。2周めは持ち手の鎖を編み、細編みに引き抜いて、1目立ち上り、右隣に引き抜きます。持ち手の細編みは作り目の裏山を拾って編み、続けて細編みの2段めを編みます。もう一方の持ち手も同様に編みます。

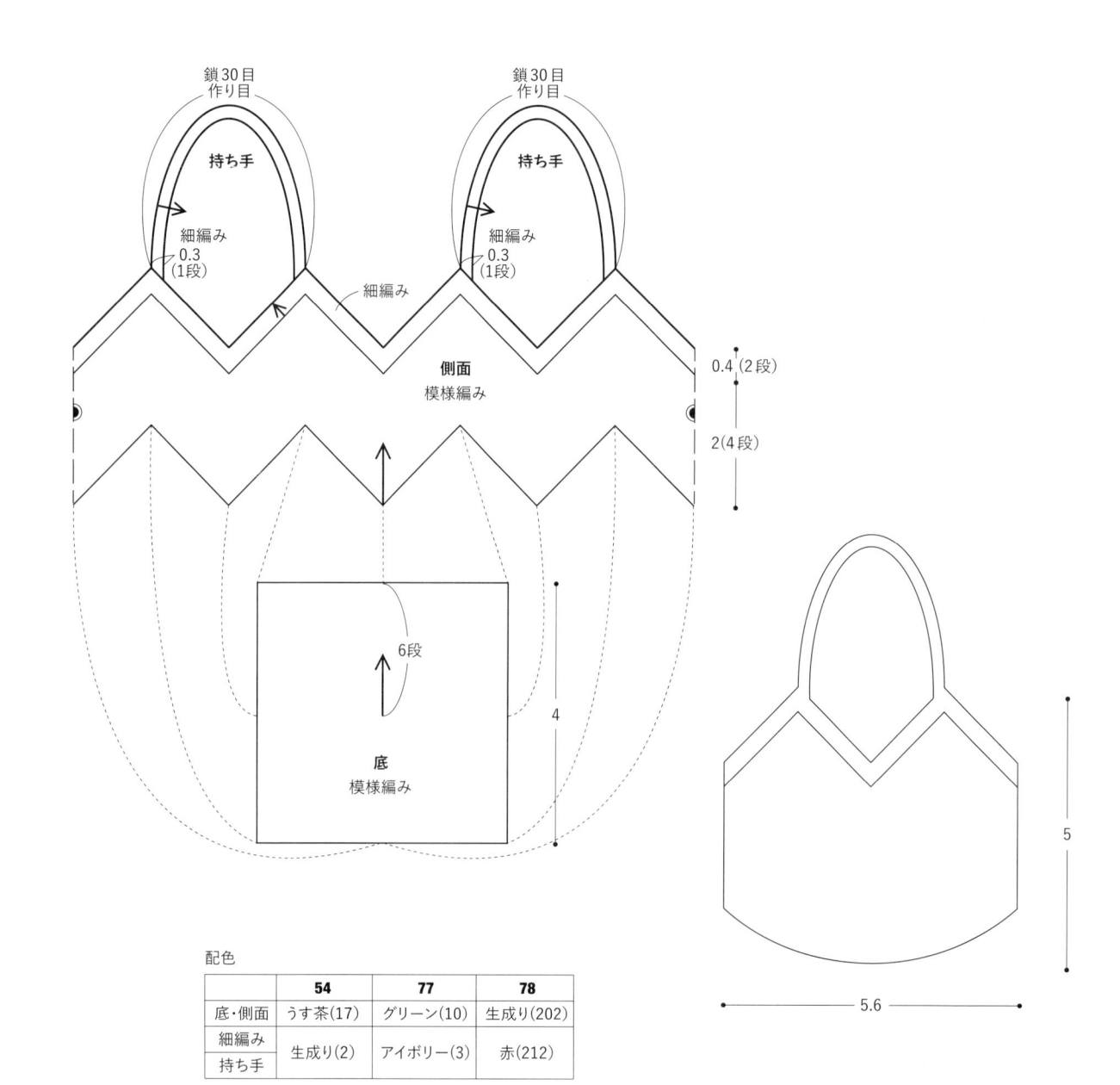

配色

	54	77	78
底・側面	うす茶(17)	グリーン(10)	生成り(202)
細編み 持ち手	生成り(2)	アイボリー(3)	赤(212)

持ち手 鎖30目作り目

持ち手 鎖30目作り目

作り目の裏山を拾う

細編み 2

▷ = 糸をつける

▼ = 糸を切る

中 = 細編み3目一度

中 = 細編み2目一度

側面
模様編み

底
模様編み

一模様 = 模様

配色

	54	77	78
底・側面 模様編み	うす茶(17)	グリーン(10)	生成り(202)
細編み	生成(2)	アイボリー(3)	赤(212)
持ち手			

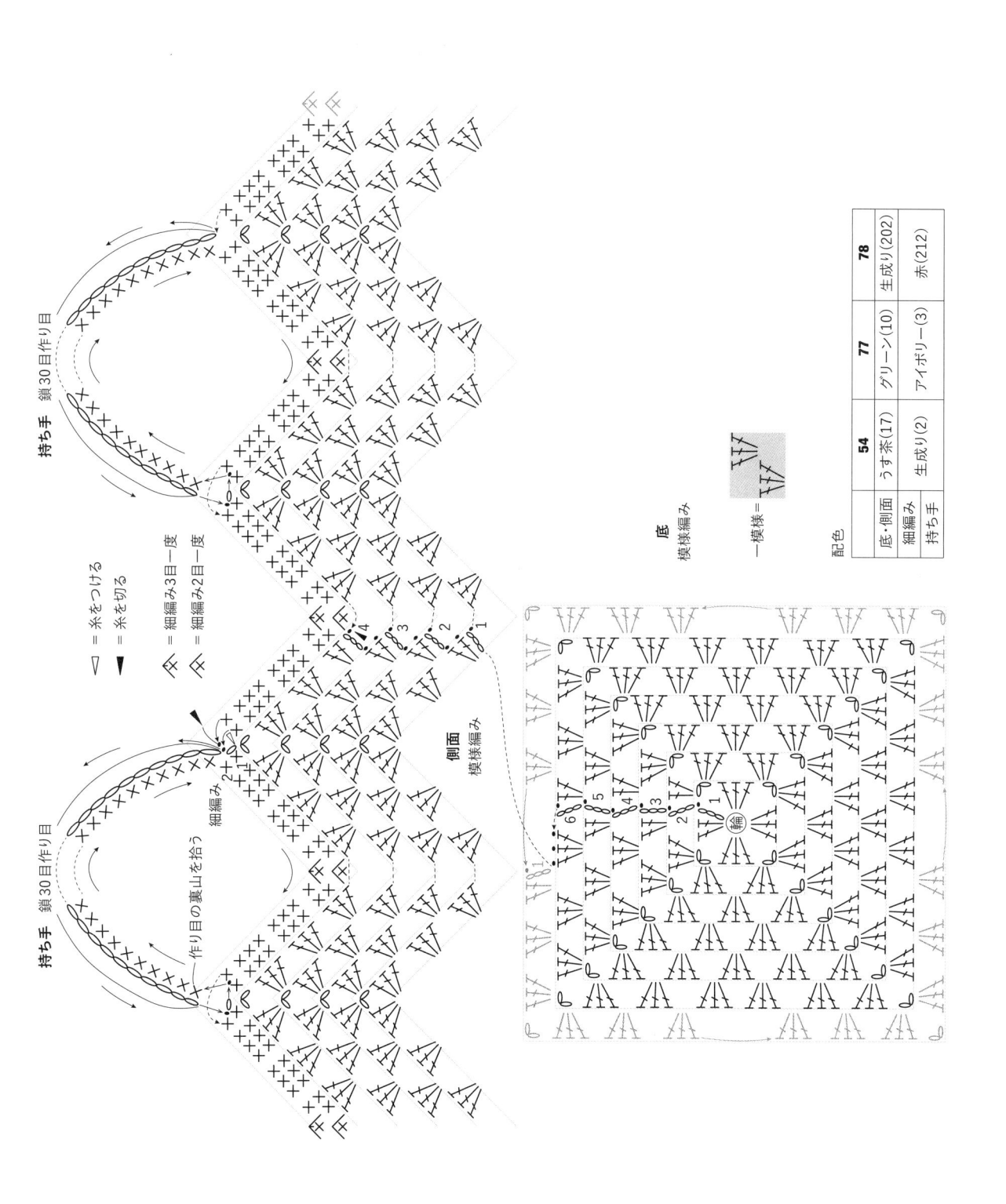

ブックデザイン	塚田佳奈 (ME&MIRACO)
撮影	山口 明
	安田如水 (プロセス／文化出版局)
スタイリング	ワタナベミエコ
ドール、小道具製作	ワタナベミエコ
小道具製作協力	OTTO CHAN
校閲	向井雅子
編集	小林奈緒子
	三角紗綾子 (文化出版局)

[素材提供]

オリムパス製絲

https://www.olympus-thread.com　TEL. 052-931-6679

DARUMA (横田)

http://www.daruma-ito.co.jp/　TEL. 06-6251-2183

パピー (ダイドーフォワード)

https://www.puppyarn.com/　TEL. 03-3257-7135

◎糸は、廃盤、廃色になることがあります。ご了承ください。
◎材料の表記は2024年11月現在のものです。

[用具提供]

チューリップ

https://www.tulip-japan.co.jp　TEL. 0120-21-1420

DOLL KNIT
for 20〜22cmドールサイズ

2024年12月28日　第1刷発行

著者	ワタナベミエコ
発行者	清木孝悦
発行所	学校法人文化学園 文化出版局
	〒151-8524 東京都渋谷区代々木 3-22-1
	TEL. 03-3299-2487 (編集)
	TEL. 03-3299-2540 (営業)
印刷・製本所	株式会社文化カラー印刷

文化出版局のホームページ
https://books.bunka.ac.jp/